Gătitul la cuptorul cu microunde

Descoperiți secretele gătitului cu microunde pentru o bucătărie rapidă și sănătoasă

Ana Maria Popescu

Cuprins

Cheesecake cu unt cu fructe și nuci 13
Tort de ghimbir conservat 14
Prajitura de ghimbir conservat cu portocale 15
Tort cu miere cu nuci 16
Tort cu miere de ghimbir 18
tort cu sirop de ghimbir 19
turtă dulce tradițională 19
turtă dulce portocalie 21
prăjitură de cafea și caise 21
Tort cu rom și ananas 22
Tort bogat de Crăciun 23
Tort rapid Simnel 25
prăjitură cu semințe 26
prajitura simpla cu fructe 28
Tarta cu curmale si nuci 29
Tort de morcovi 30
plăcintă cu păstârnac 31
Fondue de brânză 33
fondue cu cidru 34
fondue cu suc de mere 34
fondue roz 34
fondue afumată 35

fondue de bere germană 35
fondue cu foc 35
fondue cu curry 35
fonduta 36
Fondue simulate de brânză și roșii 36
Fondue de brânză și țelină 37
Brânză italiană, smântână și fondue de ouă 38
Fondue de fermă olandeză 39
fondue de fermă cu kick 40
Ou copt în stil flamand 41
Budinca de paine si unt cu branza si patrunjel 42
Budinca de paine si unt cu branza si patrunjel cu caju 43
Budincă de pâine și unt cu patru brânzeturi 43
Scones cu brânză și ouă 44
Budincă de roșii cu brânză cu susul în jos 45
chifle de pizza 46
Biban de mare cu ghimbir cu ceapa 47
pachete de păstrăv 48
Monkfish luminos cu fasole fină 49
Creveți Luminoși cu Mangetout 50
Cod Normandia în Cidru și Calvados 51
Paella de pește 53
Heringi pane 55
Midiile cu sos marinara 56
Macrou cu rubarbă și sos de stafide 58
Hering cu sos de cidru de mere 59
Crap în sos de jeleu 60

Rollmops cu caise 61
hering braconat 62
Creveți Madras 63
Rulouri de platici Martini cu sos 64
Ragu cu fructe de mare cu nuca 66
Cazan de cod 68
Tocană de cod afumat 69
Monkfish în sos de cremă de lămâie aurie 69
Talpă în sos de cremă Golden Lemon 71
somon olandez 71
Olandeză de somon cu coriandru 72
Fulgi de maioneza de somon 73
Somon la gratar in stil mediteranean 74
Kedgeree cu curry 75
Kedgeree cu somon afumat 76
Quiche cu pește afumat 77
Gumbo de creveți din Louisiana 78
gumbo de monkfish 79
Mixed Fish Gumbo 79
Pastrav cu Migdale 80
Creveți provensali 81
Cambulă în sos de țelină cu migdale prăjite 82
Fileuri in sos de rosii cu maghiran 83
Fileuri in sos de ciuperci cu nasturel 83
Cod prăjit cu ouă poșate 84
Merluciu și Legume în Cidru 86
tort de plajă 87

garnituri de pește afumat 89
File de Coley cu gem de praz și lămâie 90
pește marin într-o jachetă 91
Cod suedez cu unt topit și ou 92
fructe de mare stroganoff 93
stroganoff de ton proaspăt 94
Pește Alb Ragu Suprem 94
Mousse de somon 96
Mousse de somon pentru cei care fac diete 98
crab dimineața 98
ton dimineața 99
Dimineața de somon roșu 99
Combo cu fructe de mare și nuci 100
Inel de somon cu mărar 102
Inel de pește amestecat cu pătrunjel 103
Caserolă De Cod Cu Bacon și Roșii 104
Slimmers Fish Pot 105
Pui la gratar 107
Friptură de pui glazurată 108
Pui Tex-Mex 109
Pui marinat 110
pui veronica 111
Pui in sos de otet cu tarhon 112
Friptură daneză de pui cu umplutură de pătrunjel 113
sim de pui 113
Pui picant cu nucă de cocos și coriandru 114
Iepure picant 115

curcan picant 115
Bredie de pui cu rosii 116
Pui gătit roșu chinezesc 117
Aripi de pui aristocratice 118
chicken chow mein 119
Chicken Chop Suey 120
Express chinezesc de pui marinat 120
Pui din Hong Kong cu amestec de legume și muguri de fasole.... 121
Pui cu sos Golden Dragon 122
Aripioare de pui cu ghimbir cu salată verde 123
Pui de cocos Bangkok 124
satay de pui 125
pui cu arahide 126
Pui indian cu iaurt 127
Pui japonez cu ouă 128
Caserolă de pui portugheză 129
Caserolă picant cu pui englezesc 130
Logodna Pui Tandoori 130
Tort cu dovleac 132
tort scandinav cu cardamom 133
paine de ceai cu fructe 135
Tort sandviș Victoria 136
Tort cu nuci 137
Prajitura de roscovi 138
prajitura usoara de ciocolata 138
Tort cu migdale 138
Sandwich Victoria Gateau 139

prăjitură de ceai de pepinieră 140
Tort cu lamaie 141
tort cu portocale 141
tort espresso 142
Tort espresso cu inghetata de portocale 143
Plăcintă cu cremă espresso 143
Torturi cu stafide 144
Prajituri cu nuca de cocos 145
Prajituri cu ciocolata 145
Tort cu mirodenii cu banane 146
Tort cu condimente cu banane cu glazură de ananas 147
glazură cu cremă de unt 147
glazură de ciocolată 148
Fructe Health Wedges 149
Fruct Health Wedges cu caise 150
Pâine scurtă 150
Fursecuri extra crocante 151
pâine dulce extra moale 151
pâine dulce condimentată 151
Pâine scurtă în stil olandez 151
bile de scortisoara 152
Frigarui de rachiu auriu 153
Snaps de coniac de ciocolată 154
chifle 155
Chifle cu Stafide 156
pâini 156
Aluat de bază de pâine albă 157

Aluat de bază de pâine integrală 158
Aluat de bază de pâine cu lapte 158
felie de pâine 159
rulouri 159
chifle de hamburger 160
chifle dulci cu fructe 160
Cornish Splits 160
rulouri de lux 161
rulouri cu toppinguri 162
pâine cu seminţe de chimen 162
pâine de secara 162
pâine cu ulei 163
pâine italiană 163
pâine spaniolă 164
paine tikka masala 164
pâine de malţ fructată 165
Pâine irlandeză cu sifon 167
Paine Soda cu Tarate 168
Pentru a reîmprospăta pâinea veche 168
pita greceşti 168
Jeleu de cireşe de port 169
Jeleu de cirese 170
ananas fierbinte 171
fruct Sharon fierbinte 172
Piersici umplute 172
pere roz 173
budinca de Craciun 174

Budincă de prune cu unt *175*
Budinca De Prune Cu Ulei *175*
Sufleu de fructe în cupe *176*
Budincă de Crăciun aproape instantanee *177*
budincă de Crăciun ultra fructată *179*
crumble de prune *180*
Crumble de prune și mere *181*
Crumble de caise *181*
Crumble de fructe roșii cu migdale *181*
Crumble de pere și rubarbă *182*
Crumble de nectarine și afine *182*
Betty Apple *183*
Nectarine sau piersici Betty *184*
Budincă zdrobită din Orientul Mijlociu cu nucă *184*
Cocktail de fructe de vară *185*
Compot de banane și curmale din Orientul Mijlociu *186*
Salată de nuci mixte *187*
Budincă grea de mere și mure *188*
Budinca de lamaie si mure *189*
Budincă de Lămâie și Zmeură *190*
Budincă de caise și nuci cu susul în jos *191*
Banane în stil adoptiv *193*
Placintă cu condimente Mississippi *194*
budincă jamaicană *196*
Tort cu dovleac *197*
Tarta cu sirop de ovaz *199*
Flan cu burete de nucă de cocos *200*

tarta usoara de coacere 202
plăcintă sfărâmicioasă 202
budincă de pâine și unt 204
Budincă de pâine și unt cu lemon curd 205
flan de ou copt 206
budincă de gris 207
Budinca de orez macinata 208
Budincă de suif și melasă la abur 208
Dulceata sau budinca de miere 209
budincă de ghimbir 209
Budincă de burete pentru gem 209
Budincă cu burete de lămâie 210
crepes Suzette 211
Mere coapte 212

Cheesecake cu unt cu fructe și nuci

8-10 porții

Un cheesecake în stil continental, genul pe care l-ai găsi într-o patiserie de calitate.

45 ml/3 linguri fulgi de migdale (taiate felii)
75 g/3 oz/2/3 cană unt
6 oz/175 g/1½ cani firimituri de prăjituri cu fulgi de ovăz (cookie) sau biscuit digestiv (biscuit Graham)
1 lb/2 cesti/450 g branza de vaci (cabana moale), la temperatura din bucatarie
125 g/4 oz/½ cană zahăr pudră (superfin)
15 ml/1 lingură făină de porumb (amidon de porumb)
3 ouă, la temperatura bucătăriei, bătute
Suc de ½ lămâie proaspătă sau lămâie
30 ml/2 linguri stafide

Aranjați migdalele pe o farfurie și prăjiți, neacoperit, pe Full timp de 2 până la 3 minute. Topiți untul, descoperit, la Dezghețare timp de 2-2½ minute. Ungeți cu unt o tavă cu diametrul de 8/20 cm și ungeți fundul și părțile laterale cu firimituri de biscuiți. Bateți brânza cu toate ingredientele rămase și adăugați migdalele și untul topit. Distribuiți uniform peste firimiturile de biscuiți și acoperiți lejer cu hârtie de bucătărie. Gătiți la Decongelare timp de 24 de minute, întorcând vasul de patru ori. Scoateți din cuptorul cu microunde și lăsați să se răcească. Se da la frigider cel putin 6 ore inainte de a taia.

Tort de ghimbir conservat

8 portii

8 oz/225 g/2 căni de făină auto-crescătoare
10 ml / 2 linguri de condimente amestecate (plainta cu mere)
125 g/4 oz/½ cană unt sau margarină, la temperatura bucătăriei
125 g/4 oz/½ cană zahăr brun deschis
4 oz/100 g/1 cană de ghimbir conservat tocat în sirop
2 oua batute
75 ml/5 linguri lapte rece
Zahăr pudră (glazură), pentru pudrat

Acoperiți strâns un sufleu cu diametrul de 8 inchi/20 cm sau un fel de mâncare similar cu părțile drepte cu folie alimentară (folie de plastic), lăsându-l să atârne foarte ușor peste margine. Cerneți făina și condimentele într-un castron. Frecați subțire unt sau margarină. Cu o furculiță puneți zahărul și ghimbirul, asigurându-vă că sunt distribuite uniform. Se amestecă până se omogenizează cu ouăle și laptele. Când se omogenizează bine, se toarnă în vasul pregătit și se acoperă ușor cu hârtie de bucătărie. Gătiți complet timp de 6½-7½ minute până când prăjitura este bine ridicată și începe să se micșoreze pe părțile laterale. Se lasa sa stea 15 minute. Deplasați-vă pe o grilă care ține filmul transparent. Scoateți folia când se răcește și depozitați tortul într-un recipient ermetic.

Prajitura de ghimbir conservat cu portocale

8 portii

Pregătiți ca pentru prăjitura de turtă dulce, dar adăugați coaja rasă grosier a unei portocale mici cu ouăle și laptele.

Tort cu miere cu nuci

8-10 porții

O stea de tort, plină de dulceață și lumină. Este de origine greacă, unde este cunoscut sub numele de karithopitta. Serviți-l cu cafea la sfârșitul mesei.

Pentru baza:

100 g/3½ oz/½ cană unt, la temperatura bucătăriei

6 oz/175 g/¾ cană zahăr brun moale

4 ouă, la temperatura bucătăriei

5 ml/1 lingurita esenta de vanilie (extract)

10 ml/2 lingurite de bicarbonat de sodiu (bicarbonat de sodiu)

10 ml/2 lingurițe praf de copt

5 ml/1 lingurita scortisoara macinata

¾ cană/3 oz/75 g făină simplă (universală).

¾ cană/3 oz/75 g făină de porumb (amidon de porumb)

100 g/3½ oz/1 cană fulgi de migdale (tăiate felii)

Pentru sirop:

200 ml/7 fl oz/rar 1 cană apă caldă

60 ml/4 linguri zahăr brun închis, moale

5 cm/2 in bucată de baton de scorțișoară

5 ml/1 lingurita suc de lamaie

150 g/5 oz/2/3 cană miere închisă la culoare

Pentru decor:

60 ml/4 linguri nuci tocate

30 ml/2 linguri miere deschisă și închisă la culoare

Pentru a face baza, acoperiți strâns partea inferioară și laterală a unui vas de sufleu cu diametrul de 7 inchi/18 cm cu folie alimentară (folie de plastic), lăsând-o să atârne foarte ușor peste margine. Puneți toate ingredientele, cu excepția migdalelor, într-un bol de robot de bucătărie și puneți mașina în funcțiune până când se combină omogen și uniform. Adăugați migdalele scurt pentru a nu se descompune prea mult. Întindeți amestecul pe farfuria pregătită și acoperiți ușor cu hârtie de bucătărie. Gatiti la Full timp de 8 minute, intorcand farfuria de doua ori, pana cand prajitura a crescut apreciabil si blatul este presarat cu mici buzunare de aer. Lăsați să se odihnească timp de 5 minute, apoi răsturnați pe o farfurie de servire puțin adâncă și îndepărtați folia alimentară.

Pentru a face siropul, puneți toate ingredientele într-un ulcior și gătiți, neacoperit, la plin timp de 5 până la 6 minute sau până când amestecul începe să clocotească. Urmăriți cu atenție în cazul în care începe să fiarbă. Lăsați să stea 2 minute, apoi amestecați ușor cu o lingură de lemn pentru a omogeniza ingredientele. Se toarnă încet peste prăjitură până se absoarbe tot lichidul. Combinați nucile și mierea într-un vas mic. Se încălzește bine, neacoperit, la maxim timp de 1½ minut. Întindeți sau puneți cu lingură deasupra prăjiturii.

Tort cu miere de ghimbir

10-12 porții

45 ml/3 linguri marmeladă de portocale
8 oz/225 g/1 cană miere deschisă la culoare
2 oua
125 ml/4 fl oz/½ cană ulei de porumb sau de floarea soarelui
150 ml/¼ pt/2/3 cană apă caldă
9 oz/250 g/2 căni generoase de făină auto-crescătoare
5 ml/1 lingurita bicarbonat de sodiu (bicarbonat de sodiu)
3 lingurițe de ghimbir măcinat
10 ml/2 lingurițe de ienibahar măcinat
5 ml/1 lingurita scortisoara macinata

Tapetați strâns un vas de sufleu adânc de 1,75 litri/3 halbe/7½ cani cu folie alimentară (folie de plastic), lăsându-l să atârne foarte uşor peste margine. Puneți gemul, mierea, ouăle, uleiul şi apa într-un robot de bucătărie şi amestecați până la omogenizare, apoi opriți. Cerneți toate ingredientele rămase şi puneți-le în vasul procesorului. Porniți maşina până când amestecul este bine combinat. Se toarnă în vasul pregătit şi se acoperă uşor cu hârtie de bucătărie. Gătiți complet timp de 10-10½ minute până când tortul este bine ridicat şi blatul este acoperit cu mici găuri de aer. Se lasa sa se raceasca aproape complet pe farfurie, apoi se transfera pe un suport in care tine folie alimentara. Scoateți cu grijă folia alimentară şi lăsați până se răceşte complet. Păstrați într-un recipient ermetic timp de 1 zi înainte de tăiere.

tort cu sirop de ghimbir

10-12 porții

Pregătiți ca pentru prăjitura de turtă dulce cu miere, dar înlocuiți mierea cu sirop de aur (porumb ușor).

turtă dulce tradițională

8-10 porții

O poveste de iarnă dintre cele mai bune, o necesitate pentru Halloween și noaptea Guy Fawkes.

1½ căni/6 oz/175 g făină simplă (universal)
15 ml/1 lingură ghimbir măcinat
5 ml/1 linguriță ienibahar măcinat
10 ml/2 lingurite de bicarbonat de sodiu (bicarbonat de sodiu)
125 g/4 oz/1/3 cană sirop de aur (porumb ușor)
25 ml/1½ lingură melasă (melasă)
30 ml/2 linguri de zahăr brun închis, moale
45 ml/3 linguri untură sau grăsime albă de gătit (scurt vegetal)
1 ou mare, bătut
60 ml/4 linguri lapte rece

Acoperiți strâns partea inferioară și laterală a unui vas de sufleu cu diametrul de 6 inchi/15 cm cu folie alimentară (folie de plastic), lăsându-l să atârne foarte ușor peste margine. Cerneți făina, ghimbirul, ienibaharul și bicarbonatul de sodiu într-un castron. Puneți siropul, melasa, zahărul și grăsimea într-un alt castron și încălziți, neacoperit, la plin timp de 2½-3 minute, până când grăsimea se topește. Se amestecă bine pentru a se amesteca. Amestecați cu o furculiță ingredientele uscate cu oul și laptele. Când s-au combinat bine, se transferă pe farfuria pregătită și se acoperă ușor cu hârtie de bucătărie. Gătiți complet timp de 3-4 minute până când turta dulce este bine crescută, cu o notă de luciu deasupra. Lasă să se odihnească 10 minute. Deplasați-vă pe o grilă care ține filmul transparent.

turtă dulce portocalie

8-10 porții

Pregătiți ca pentru turta dulce tradițională, dar adăugați coaja rasă fin a unei portocale mici cu oul și laptele.

prăjitură de cafea și caise

8 portii

4 biscuiti digestivi (biscuiti graham), macinati fin
8 oz/225 g/1 cană de unt sau margarină, la temperatura bucătăriei
8 oz/225 g/1 cană de zahăr brun închis moale
4 ouă, la temperatura bucătăriei
8 oz/225 g/2 căni de făină auto-crescătoare
75 ml/5 linguri de esenta de cafea si cicoare (extract)
14 oz/425 g/1 cutie mare jumătăți de caise, scurse
300 ml/½ bucată/1¼ cană smântână dublă (grea)
90ml/6 linguri migdale fulgi (taiate), prajite

Ungeți două vase puțin adânci cu diametrul de 20 cm/8 inci cu unt topit, apoi ungeți fundul și părțile laterale cu firimituri de biscuiți. Crema unt sau margarina si zahar pana devine usoara si pufoasa. Bateți ouăle pe rând, adăugând 15 ml/1 lingură de făină cu fiecare. Se adauga restul de faina alternativ cu 45 ml/3 linguri esenta de cafea. Împărțiți uniform între felurile de mâncare pregătite și acoperiți-le cu hârtie de bucătărie. Gatiti, pe rand, la Full timp de 5 minute. Se lasă să se răcească pe farfurii timp de 5 minute, apoi se răstoarnă pe un grătar.

Tăiați trei caise și rezervați restul. Bateți smântâna cu restul de esență de cafea până se îngroașă. Scoateți aproximativ un sfert din smântână și adăugați caise tocate. Folosiți-l pentru a face sandwich prăjiturile împreună. Acoperiți deasupra și părțile laterale cu crema rămasă.

Tort cu rom și ananas

8 portii

Pregătiți ca pentru prăjitura de cafea cu caise, dar omiteți caisele. Aromăm smântâna cu 30ml/2 linguri de rom închis în loc de esența de cafea (extract). Amestecați 2 rondele de ananas din conservă tăiate în trei sferturi din cremă și folosiți pentru a pune prăjiturile împreună. Ungeți partea de sus și părțile laterale cu crema rămasă și ornezați cu inele de ananas înjumătățite. Decorați cu cireșe glazurate (confiate) verzi și galbene, dacă doriți.

Tort bogat de Crăciun

Face 1 tort de familie mare

O prajitura de lux, plina de splendorile Craciunului si bine inzestrata cu alcool. Păstrați-l simplu sau acoperiți-l cu marțipan (pastă de migdale) și glazură albă (glazură).

200 ml/7 fl oz/rar 1 cană de sherry dulce
75 ml/5 linguri rachiu
5 ml / 1 linguriță amestec de condimente (plăcintă cu mere)
5 ml/1 lingurita esenta de vanilie (extract)
10 ml / 2 lingurițe de zahăr brun închis, moale
12 oz/350 g/2 căni de fructe uscate amestecate (amestec de prăjituri cu fructe)
15 ml/1 lingura coaja mixta tocata
15 ml/1 lingură cireșe roșii glazurate (confiate)
50 g/2 oz/1/3 cană caise uscate
50 g/2 oz/1/3 cană curmale tocate
Coaja rasă fin a unei portocale mici
2 oz/50 g/½ cană nuci tocate
125 g/4 oz/½ cană unt nesărat (dulce), topit
6 oz/175 g/¾ cană de zahăr brun închis moale
4 oz/125 g/1 cană făină auto-crescătoare
3 ouă mici

Pune sherry-ul și brandy-ul într-un castron mare. Acoperiți cu o farfurie și gătiți la foc complet timp de 3-4 minute până când amestecul începe să clocotească. Se adaugă condimentul, vanilia, 10 ml/2 linguri de zahăr brun, fructele uscate, coaja amestecată, cireșe, caise, curmale, coajă de portocală și nuci. Amesteca bine. Acoperiți cu o farfurie și încălziți la Dezghețare timp de 15 minute, amestecând de patru ori. Lăsați peste noapte pentru ca aromele să se maturizeze. Acoperiți strâns un vas de sufleu cu diametrul de 8 inchi/20 cm cu folie alimentară (folie de plastic), lăsându-l să atârne foarte ușor peste margine. Amestecați untul, zahărul brun, făina și ouăle în amestecul pentru tort. Se toarnă în vasul pregătit și se acoperă lejer cu hârtie de bucătărie. Gătiți la Decongelare timp de 30 de minute, răsturnând de patru ori. Lăsați să stea la cuptorul cu microunde timp de 10 minute. Se răcește până la călduț, apoi se transferă cu grijă pe un grătar care ține folia alimentară. Îndepărtați folia transparentă când prăjitura este rece. Pentru depozitare, împachetați în hârtie cerată de grosime dublă, apoi împachetați din nou în folie de aluminiu. A se pastra la loc racoros timp de aproximativ 2 saptamani inainte de acoperire si glazura.

Tort rapid Simnel

Face 1 tort de familie mare

Urmați rețeta de Tort bogat de Crăciun și păstrați-l timp de 2 săptămâni. Cu o zi înainte de servire, tăiați tortul în două pentru a face două straturi. Ungeți ambele părți tăiate cu dulceață de caise topită (conserve) și sandviș împreună cu 225–300 g/8–11 oz marțipan (pastă de migdale) rulată într-o roată groasă. Decorați partea de sus cu ouă și pui de Paște în miniatură cumpărate din magazin.

prăjitură cu seminţe

8 portii

O amintire din vremurile vechi, cunoscută în Ţara Galilor drept plăcintă de tuns.

8 oz/225 g/2 căni de făină auto-crescătoare
125 g/4 oz/½ cană unt sau margarină
6 oz/175 g/¾ cană zahăr brun moale
Coaja rasa fin de la 1 lamaie
10–20 ml/2–4 linguriţe de seminţe de chimen
10 ml/2 linguriţe nucşoară rasă
2 oua batute
150 ml/¼ pt/2/3 cană lapte rece
75ml/5 linguri de zahăr pudră, cernut
10–15 ml/2–3 linguriţe suc de lămâie

Acoperiți strâns partea inferioară și laterală a unui vas de sufleu cu diametrul de 8 inchi/20 cm cu folie alimentară (folie de plastic), lăsându-l să atârne foarte ușor peste margine. Cerneți făina într-un bol și frecați cu untul sau margarina. Adăugați zahărul brun, coaja de lămâie, semințele de chimen și nucșoara și amestecați ouăle și laptele cu o furculiță pentru a forma un aluat neted, destul de moale.
Transferați în farfuria pregătită și acoperiți lejer cu hârtie de bucătărie. Gătiți complet timp de 7-8 minute, întorcând farfuria de două ori până când prăjitura se ridică în partea de sus a farfurii și suprafața este presărată cu găuri mici. Lăsați să stea timp de 6 minute, apoi răsturnați pe un grătar. Când se răcește complet, îndepărtați folia alimentară, apoi întoarceți tortul cu partea dreaptă în sus. Combinați zahărul pudră și sucul de lămâie pentru a obține o pastă groasă. Se întinde deasupra prăjiturii.

prajitura simpla cu fructe

8 portii

8 oz/225 g/2 căni de făină auto-crescătoare
10 ml / 2 linguri de condimente amestecate (plainta cu mere)
125 g/4 oz/½ cană unt sau margarină
125 g/4 oz/½ cană zahăr brun deschis
6 oz/175 g/1 cană amestec de fructe uscate (amestec de prăjitură cu fructe)
2 oua
75 ml/5 linguri lapte rece
75 ml/5 linguri de zahăr pudră

Acoperiți cu grijă un vas de sufleu cu diametrul de 7 inchi/18 cm cu folie alimentară (folie de plastic), lăsându-l să atârne foarte ușor peste margine. Cerneți făina și condimentele într-un bol și frecați cu untul sau margarina. Adăugați zahărul și nucile. Bateți ouăle și laptele și turnați-le în ingredientele uscate, amestecând până se omogenizează și omogenizează cu o furculiță. Se toarnă în vasul pregătit și se acoperă lejer cu hârtie de bucătărie. Gătiți complet timp de 6½-7 minute până când prăjitura este bine ridicată și abia începe să se micșoreze pe marginea plăcii. Scoateți din cuptorul cu microunde și lăsați să stea timp de 10 minute. Deplasați-vă pe o grilă care ține filmul transparent. Când se răcește complet, îndepărtați folia alimentară și pudrați deasupra cu zahăr pudră cernut.

Tarta cu curmale si nuci

8 portii

Pregătiți ca pentru prăjitura cu fructe simplă, dar înlocuiți fructele uscate cu un amestec de curmale tocate și nuci.

Tort de morcovi

8 portii

Numit cândva prajitura paradisului, acest import transatlantic este cu noi de mulți ani și nu își pierde niciodată atractivitatea.

Pentru tort:
3-4 morcovi, tăiați în bucăți
50 g/2 oz/½ cană bucăți de nucă
50 g/2 oz/½ cană curmale tocate ambalate, acoperite cu zahăr
6 oz/175 g/¾ cană zahăr brun moale
2 ouă mari, la temperatura bucătăriei
6 fl oz/175 ml/¾ cană ulei de floarea soarelui
5 ml/1 lingurita esenta de vanilie (extract)
30 ml/2 linguri lapte rece
1¼ cani/5 oz/150 g făină simplă (universală).
5 ml/1 lingurita praf de copt
4 ml/¾ lingurita de bicarbonat de sodiu (bicarbonat de sodiu)
5 ml / 1 linguriță amestec de condimente (plăcintă cu mere)

Pentru bitumul de crema de branza:
¾ cană/6 oz/175 g cremă de brânză cu grăsime, la temperatura bucătăriei
5 ml/1 lingurita esenta de vanilie (extract)
3 oz/75 g/½ cană de zahăr pudră, cernut
15 ml/1 lingură suc de lămâie proaspăt stors

Pentru a face prăjitura, ungeți o tavă cu diametrul de 8 inci, care poate fi utilizată la microunde, cu ulei și tapetați fundul cu hârtie de pergament antiaderentă. Puneți morcovii și bucățile de nuci pecan într-un blender sau robot de bucătărie și porniți mașina până când ambele sunt tocate grosier. Transferați într-un bol și adăugați curmalele, zahărul, ouăle, uleiul, esența de vanilie și laptele. Cerne ingredientele uscate, apoi amestecă cu o furculiță în amestecul de morcovi. Transferați în matrița pregătită. Acoperiți cu folie alimentară (folie de plastic) și tăiați de două ori pentru a permite aburului să iasă. Gatiti la plin timp de 6 minute, rasturnand de trei ori. Lăsați să se odihnească timp de 15 minute, apoi turnați pe un grătar. Scoateți hârtia. Se răstoarnă pe o farfurie când s-a răcit complet.

Pentru a face glazura cu crema de branza, bateti branza pana se omogenizeaza. Adăugați restul ingredientelor și bateți ușor până se omogenizează. Întindeți gros peste partea de sus a prăjiturii.

plăcintă cu păstârnac

8 portii

Pregătiți ca pentru prăjitura cu morcovi, dar înlocuiți morcovii cu 3 păstârnac.

Fondue de brânză

pentru 6

Născut în Elveția, fondue de brânză este un après-ski favorit în stațiunile alpine sau oriunde altundeva cu zăpadă adâncă pe vârfuri înalte. Cufundarea pâinii într-o oală comună cu brânză topită aromată este una dintre cele mai plăcute, distractive și relaxante moduri de a savura o masă cu prietenii și nu există un ajutor de bucătărie mai bun pentru asta decât cuptorul cu microunde. Serviți cu cantități mici de Kirsch și cu cești de ceai fierbinte de lămâie pentru o atmosferă autentică.

1–2 căței de usturoi, curățați și tăiați în jumătate
175 g/6 oz/1½ cani de brânză Emmental, rasă
450 g/1 lb/4 căni de brânză Gruyère (elvețiană), rasă
15 ml/1 lingură făină de porumb (amidon de porumb)
300 ml/½ pt/1¼ cani de vin Mosel
5 ml/1 lingurita suc de lamaie
30 ml/2 linguri Kirsch
Sare și piper negru proaspăt măcinat
Paine frantuzeasca taiata cubulete, pentru scufundare

Apăsați părțile tăiate ale jumătăților de usturoi pe părțile laterale ale unui vas de sticlă sau ceramică adânc de 2,5 litri/4½ pt/11 cani. Alternativ, pentru o aromă mai puternică, zdrobiți usturoiul direct în vas. Adăugați ambele brânzeturi, mălai, vin și suc de lămâie. Gătiți, neacoperit, la plin timp de 7 până la 9 minute, amestecând de patru ori, până când fondue începe să clocotească uşor. Scoateţi din cuptorul cu microunde şi amestecaţi cu Kirsch-ul. Asezonaţi bine după gust. Aduceţi vasul la masă şi mâncaţi prin lipirea unui cub de pâine într-o furculiţă lungă pentru fondue, amestecând-o în amestecul de brânză, apoi ridicând-o.

fondue cu cidru

pentru 6

Pregătiţi ca pentru Fondue cu brânză, dar înlocuiţi vinul cu cidru uscat şi calvados pentru Kirsch şi serviţi cuburi de mere cu coajă roşie, precum şi cuburi de pâine pentru scufundare.

fondue cu suc de mere

pentru 6

O fondue fără alcool, cu o aromă blândă şi potrivită pentru toate vârstele.

Pregătiţi ca pentru fondue de brânză, dar înlocuiţi sucul de mere cu vin şi omiteţi kirsch-ul. Dacă este necesar, diluaţi cu puţină apă fierbinte.

fondue roz

pentru 6

Pregătiți ca pentru fondue de brânză, dar înlocuiți cu 200 g/7 oz/1¾ cani fiecare dintre brânzeturile albe Cheshire, Lancashire și Caerphilly pentru brânzeturile Emmental și Gruyère (elvețiane) și vinul rosé cu vinul alb.

fondue afumată

pentru 6

Pregătiți ca pentru fondue de brânză, dar înlocuiți jumătate din brânză Gruyère (elvețiană) cu 7 oz/200 g/1¾ cani de brânză afumată. Cantitatea de brânză Emmental nu se modifică.

fondue de bere germană

pentru 6

Pregătiți ca pentru fondue de brânză, dar înlocuiți berea cu vin și rachiul cu Kirsch.

fondue cu foc

pentru 6

Se prepară ca pentru fondue de brânză, dar se adaugă 2-3 ardei iute roșii, fără semințe și tocate mărunt, imediat după mălai.

fondue cu curry

pentru 6

Pregătiți ca pentru fondue de brânză, dar adăugați 10–15 ml/2–3 lingurițe de pastă blândă de curry cu brânzeturi și înlocuiți kirsch-ul cu vodca. Folosiți bucăți de pâine indiană fierbinte pentru înmuiere.

fonduta

Porții 4–6

O versiune italiană de Fondue cu brânză, extraordinar de delicioasă.

Pregătiți ca pentru fondue de brânză, dar înlocuiți brânza italiană Fontina cu Gruyère (elvețian) și Emmental, vinul alb sec italian pentru Mosel și Marsala pentru Kirsch.

Fondue simulate de brânză și roșii

Porții 4–6

8 oz/225 g/2 căni de brânză Cheddar matură, mărunțită
125 g/4 oz/1 cană brânză Lancashire sau Wensleydale, mărunțită
10 fl oz/300 ml/1 cutie supă de roșii condensată
10 ml/2 lingurițe sos Worcestershire
Un strop de sos iute
45 ml/3 linguri sherry uscat
Pâine ciabatta caldă, de servit

Pune toate ingredientele, cu excepția sherry-ului, într-un vas de 1,25 litri/2¼ pt/5½ cani din sticlă sau din gresie. Gătiți, descoperit, la Dezghețare timp de 7 până la 9 minute, amestecând de trei până la patru ori, până când fondue se îngroașă ușor. Scoateți din cuptorul cu microunde și adăugați sherry-ul. Mănâncă cu bucăți de pâine ciabatta caldă.

Fondue de brânză și țelină

Porții 4–6

Pregătește-l ca și cum ai face cu un fondue de brânză și roșii, dar înlocuiește supa de țelină condensată cu supa de roșii și aromatizează cu gin în loc de sherry.

Brânză italiană, smântână și fondue de ouă

Porții 4–6

1 cățel de usturoi, zdrobit

¼ cană/2 oz/50 g unt nesărat (dulce), la temperatura bucătăriei

1 lb/4 cani/450 g brânză Fontina, rasă

60 ml/4 linguri faina de porumb (amidon de porumb)

300 ml/½ pt/1¼ cani de lapte

2,5 ml/½ linguriță nucșoară rasă

Sare și piper negru proaspăt măcinat

150 ml/¼ pt/2/3 cană smântână pentru frișcă

2 oua batute

Pâine italiană tăiată în cuburi, pentru servire

Puneți usturoiul, untul, brânza, mălaiul, laptele și nucșoara într-un vas adânc de 2,5 litri/4½ pt/11 cani de sticlă sau ceramică. Asezonați după gust. Gătiți, neacoperit, la plin timp de 7 până la 9 minute, amestecând de patru ori, până când fondue începe să clocotească ușor. Scoateți din cuptorul cu microunde și amestecați cu smântâna. Gatiti, neacoperit, la plin timp de 1 minut. Scoateți din cuptorul cu microunde și adăugați treptat ouăle. Serviți cu pâine italiană pentru înmuiere.

Fondue de fermă olandeză

Porții 4–6

O fondue moale și fragedă, suficient de blândă pentru copii.

1 cățel de usturoi, zdrobit
15 ml/1 lingura unt
1 lb/4 cesti/450 g branza Gouda, rasa
15 ml/1 lingură făină de porumb (amidon de porumb)
20 ml/4 lingurițe pudră de muștar
Un praf de nucsoara rasa
300 ml/½ pt/1¼ cană lapte integral
Sare și piper negru proaspăt măcinat
Paine taiata cubulete, pentru servire

Puneți toate ingredientele într-un vas sau un pahar de 2,5 litri/4½ pt/11 căni, condimentând bine după gust. Gătiți, neacoperit, la plin timp de 7 până la 9 minute, amestecând de patru ori, până când fondue începe să clocotească ușor. Aduceți vasul la masă și mâncați prin lipirea unui cub de pâine într-o furculiță lungă pentru fondue, amestecând-o în amestecul de brânză, apoi ridicând-o.

fondue de fermă cu kick

Porții 4–6

Pregătiți ca pentru fondue de fermă olandeză, dar adăugați 30–45 ml/2–3 linguri de gin (gin olandez) după gătire.

Ou copt în stil flamand

Portie 1

unt topit sau margarina
1 roșie mică, albită, decojită și tocată
2 ceai (cei), tocate
1–2 măsline umplute, tăiate felii
5 ml/1 lingurita ulei
15 ml/1 lingura sunca fiarta, tocata marunt
1 ou
Sare și piper negru proaspăt măcinat
15 ml/1 lingură smântână dublă (grea) sau crème fraîche
5ml/1 lingurita patrunjel, arpagic sau coriandru, tocate marunt

Ungeți un vas mic de ramekin (cup de cremă) sau un vas individual de sufleu cu unt topit sau margarină. Adăugați roșia, ceapa primăvară, măslinele, uleiul și șunca. Acoperiți cu o farfurie și încălziți la putere maximă timp de 1 minut. Spargeți ușor oul și străpungeți gălbenușul de două ori cu o frigărui sau cu vârful unui cuțit. Asezonați bine după gust. Acoperiți cu smântână și stropiți cu ierburi. Acoperiți ca înainte și gătiți la Decongelare timp de 3 minute. Lăsați să stea 1 minut înainte de a mânca.

Budinca de paine si unt cu branza si patrunjel

Porții 4–6

4 felii mari de pâine albă
2 oz/¼ cană/50 g unt, la temperatura bucătăriei
175 g/6 oz/1½ cani brânză Cheddar portocalie
45 ml/3 linguri patrunjel tocat
600 ml/1 pct/2½ căni lapte rece
3 oua
5 ml/1 lingurita sare
Ardei

Ungeți pâinea cu unt și tăiați fiecare felie în patru pătrate. Ungeți cu unt o tigaie de 1,75 litri/3 pt/7½ cani. Așezați jumătate din pătratele de pâine, cu părțile unse în sus, pe fundul farfurii. Se presară două treimi din brânză și tot pătrunjelul. Așezați pâinea rămasă deasupra, cu părțile unse în sus. Se toarnă laptele într-un ulcior și se încălzește, neacoperit, la plin timp de 3 minute. Bateți ouăle până devin spumose, apoi adăugați treptat laptele. Adăugați sarea. Se toarnă ușor peste pâine și unt. Deasupra se presara branza ramasa si se presara cu boia de ardei. Acoperiți cu hârtie de bucătărie și gătiți la Decongelare timp de 30 de minute. Lăsați să se odihnească 5 minute, apoi prăjiți sub un grătar încins (broiler), dacă doriți, înainte de servire.

Budinca de paine si unt cu branza si patrunjel cu caju

Porții 4–6

Se prepară ca pentru Budinca de Brânză cu Pâine și Pătrunjel, dar se adaugă 3 linguri/45ml caju, prăjite și tocate grosier, cu brânza și pătrunjel.

Budincă de pâine și unt cu patru brânzeturi

Porții 4–6

Pregătiți ca și budincă de brânză cu pătrunjel și pâine, dar folosiți un amestec de Cheddar mărunțit, Edam, Leicester roșu și brânză Stilton mărunțită. Înlocuiți patrunjelul cu patru cepe murate tocate.

Scones cu brânză și ouă

pentru 4 persoane

10 fl oz/300 ml/1 cutie supă condensată de ciuperci
45 ml/3 linguri smântână unică (ușoară)
4 oz/125 g/1 cană brânză Leicester roșie, rasă
4 chifle prăjite calde
4 ouă poșate proaspete

Pune supa, smântână și jumătate de brânză într-un castron de 900 ml/1½ pt/3¾ cană. Se încălzește, neacoperit, la plin timp de 4-5 minute până când este fierbinte și moale, batând în fiecare minut. Așezați fiecare chiflă pe o plită și deasupra cu un ou. Acoperiți cu amestecul de ciuperci, stropiți cu brânză rămasă și încălziți unul câte unul la plin timp de aproximativ 1 minut până când brânza se topește și clocotește. Mănâncă imediat.

Budincă de roșii cu brânză cu susul în jos

pentru 4 persoane

8 oz/225 g/2 căni de făină auto-crescătoare

5 ml/1 linguriță pudră de muștar

5 ml/1 lingurita sare

125 g/4 oz/½ cană unt sau margarină

4 oz/125 g/1 cană brânză Edam sau Cheddar, mărunțită

2 oua batute

150 ml/¼ pt/2/3 cană lapte rece

4 roșii mari, albite și decojite și tocate

15 ml/1 lingură pătrunjel sau coriandru tocat

Ungeți un castron rotund adânc de 1,75 litri/3 halbe/7½ cani cu unt. Cerneți făina, muștarul uscat și 2,5 ml/½ linguriță de sare într-un castron. Frecați untul sau margarina subțire, apoi adăugați brânza. Se amestecă până se omogenizează cu ouăle și laptele. Se întinde ușor în recipientul pregătit. Gatiti, neacoperit, la plin timp de 6 minute. Se amestecă roșiile cu sarea rămasă. Puneți într-un bol puțin adânc și acoperiți cu o farfurie. Scoateți budinca din cuptor și răsturnați-o cu grijă într-un vas puțin adânc. Acoperiți cu hârtie de bucătărie și gătiți la plin încă 2 minute. Scoateți din cuptor și acoperiți cu o bucată de folie de aluminiu pentru a păstra căldura. Puneți roșiile la microunde și încălziți-le pe Full timp de 3 minute. Se toarnă peste budincă,

chifle de pizza

pentru 4 persoane

45 ml/3 linguri piure de roşii (pastă)
30 ml/2 linguri ulei de măsline
1 căţel de usturoi, zdrobit
4 chifle prăjite calde
2 roşii, feliate subţiri
6 oz/175 g brânză mozzarella, feliată
12 măsline negre

Se amestecă piureul de roşii, uleiul de măsline şi usturoiul şi se întinde peste chifle. Aranjaţi feliile de roşii deasupra. Acoperiţi cu brânză şi asezonaţi cu măsline. Se încălzeşte unul câte unul pe Full timp de aproximativ 1–1½ minut până când brânza începe să se topească. Mănâncă imediat.

Biban de mare cu ghimbir cu ceapa

8 portii

O specialitate cantoneză și un bufet tipic chinezesc.

2 biban de mare, 1 lb/450 g fiecare, curățați, dar capul îndepărtat

8 cepe de primăvară

5 ml/1 lingurita sare

2,5 ml/½ linguriță zahăr

1 inch/2,5 cm bucată de rădăcină de ghimbir proaspătă, decojită și tocată mărunt

45 ml/3 linguri sos de soia

Spălați peștele pe dinăuntru și pe dinafară. Uscați cu prosoape de hârtie. Faceți trei tăieturi în diagonală cu un cuțit ascuțit, la aproximativ 1 inch/2,5 cm distanță, pe fiecare parte a fiecărui pește. Aranjați cap la coadă pe o farfurie de 30 3 20 cm/12 3 8 inci. Se imbraca si se rade ceapa, se taie fiecare in fire pe lungime si se presara peste peste. Se amestecă bine restul ingredientelor și se folosește pentru a acoperi peștele. Acoperiți vasul cu folie alimentară (folie de plastic) și tăiați-l de două ori pentru a lăsa aburul să iasă. Gătiți complet timp de 12 minute, răsturnând vasul o dată. Transferați peștele într-o farfurie de servire și acoperiți cu ceapa și sosurile din farfurie.

pachete de păstrăv

Servici 2

Bucătarii profesioniști numesc asta truites en papillote. Pachetele de păstrăv delicat preparate simplu fac un fel de mâncare inteligent de pește.

2 păstrăvi mari, curățați, de 1 lb/450 g fiecare, spălați, dar cu capul îndepărtat
1 ceapă, feliată gros
1 lămâie mică sau lime, feliată gros
2 frunze mari de dafin uscate, sfărâmate grosier
2,5 ml/½ linguriță ierburi de Provence
5 ml/1 lingurita sare

Pregătiți două dreptunghiuri de hârtie de copt, câte 40 3 35 cm/16 3 14 în fiecare. Așezați ceapa și felii de lămâie sau lime în cavitățile peștelui cu foile de dafin. Transferați în dreptunghiuri de pergament și stropiți cu ierburi și sare. Înfășurați fiecare păstrăv individual, apoi puneți ambele pachete împreună într-un vas puțin adânc. Gătiți complet timp de 14 minute, răsturnând vasul o dată. Se lasa sa stea 2 minute. Transferați fiecare pe o plită și deschideți pachetele de la masă.

Monkfish luminos cu fasole fină

pentru 4 persoane

*4 oz/125 g fasole franțuzească (verde) sau Kenya, acoperită și coada
îndepărtată*

150 ml/¼ pt/2/3 cană apă clocotită

450 g/1 kilogram de moc

15 ml/1 lingură făină de porumb (amidon de porumb)

1,5–2,5 ml/¼–½ linguriță pudră chinezească cu cinci condimente

45 ml/3 linguri vin de orez sau sherry mediu

5 ml/1 linguriță sos de stridii îmbuteliat

2,5 ml/½ linguriță ulei de susan

1 cățel de usturoi, zdrobit

50 ml/2 fl oz/3½ linguri apă fierbinte

15 ml/1 lingura sos de soia

Taitei cu ou, pentru servire

Tăiați fasolea în jumătate. Puneți într-un vas rotund de 1,25 litri/2¼-half/5½ cani. Adăugați apa clocotită. Acoperiți cu folie alimentară (folie de plastic) și tăiați de două ori pentru a permite aburului să iasă. Gatiti la plin timp de 4 minute. Scurgeți și rezervați. Se spală mocheta și se taie fâșii subțiri. Amestecați făina de porumb și pudra de condimente cu vinul de orez sau sherry până la omogenizare. Se amestecă cu ingredientele rămase. Transferați în vasul în care a fost gătită fasolea. Gatiti, neacoperit, la plin timp de 1½ minut. Se amestecă până se omogenizează, apoi se amestecă fasolea și mocheta. Acoperiți ca înainte și gătiți la Full timp de 4 minute. Lasam sa stea 2 minute, apoi amestecam si servim.

Creveți Luminoși cu Mangetout

pentru 4 persoane

Pregătiți-l ca și peștele strălucitor cu fasole slabă, dar înlocuiți fasolea cu mazăre și gătiți doar 2½-3 minute, deoarece ar trebui să rămână crocante. Înlocuiți moștenirea cu creveți decojiți.

Cod Normandia în Cidru și Calvados

pentru 4 persoane

2 oz/50 g/¼ cană unt sau margarină
1 ceapă, feliată foarte subțire
3 morcovi, feliați foarte subțiri
2 oz/50g ciuperci, feliate și feliate subțiri
4 fileuri mari de cod, aproximativ 225 g fiecare
5 ml/1 lingurita sare
150 ml/¼ pt/2/3 cană de cidru
15 ml/1 lingură făină de porumb (amidon de porumb)
25 ml/1½ lingură apă rece
15 ml/1 lingură calvados
Pătrunjel, pentru a decora

Pune jumatate din unt sau margarina intr-o farfurie adanca de 8/20 cm in diametru. Se topește, neacoperit, la plin timp de 45 până la 60 de secunde. Amestecați ceapa, morcovii și ciupercile. Aranjați pestele într-un singur strat deasupra. Se presară cu sare. Turnați cidrul în vas și stropiți fileurile cu untul sau margarina rămase. Acoperiți cu folie alimentară (folie de plastic) și tăiați de două ori pentru a permite aburului să iasă. Gătiți la plin timp de 8 minute, întorcând vasul de patru ori. Scoateți cu grijă lichidul de gătit și rezervați. Amestecați ușor făina de porumb cu apa și calvados. Adăugați sucul de pește. Gatiti, neacoperit, la plin timp de 2-2½ minute, pana cand sosul se ingroasa, amestecand la fiecare 30 de secunde. Aranjați peștele pe o farfurie fierbinte de servire și acoperiți cu legume. Se acopera cu sosul si se decoreaza cu patrunjel.

Paella de pește

6–8 porții

Cel mai important fel de mâncare din orez din Spania, cunoscut în întreaga lume prin călătoriile internaționale.

2 lbs/900 g file de somon fără piele, tăiat cubulețe

1 pachet de pudră de șofran

60 ml/4 linguri apă fierbinte

30 ml/2 linguri ulei de măsline

2 cepe, tocate

2 catei de usturoi, macinati

1 ardei gras verde, fara samburi si tocat grosier

8 oz/225 g/1 cană de orez pentru risotto italian sau spaniol

1½ cani/6 oz/175 g mazăre congelată sau proaspătă

600 ml/1pt/2½ căni de apă clocotită

7,5 ml/1½ linguriță sare

3 roșii, albite, curățate și tăiate în patru

3 oz/75 g/¾ cană șuncă fiartă, tăiată cubulețe

4 oz/125 g/1 cană de creveți decojiți

250 g/9 oz/1 cutie mare midii în saramură

Felii sau felii de lamaie, pentru a decora

Aranjați cuburile de somon pe marginea unei cratițe cu diametrul de 10/25 cm (cuptor olandez), lăsând un mic godeu în centru. Acoperiți vasul cu folie alimentară (folie de plastic) și tăiați-l de două ori pentru a lăsa aburul să iasă. Gătiți la Dezghețare timp de 10 până la 11 minute, răsturnând vasul de două ori, până când peștele pare fulgerat și tocmai gătit. Scurgeți și rezervați lichidul și rezervați somonul. Se spală și se usucă farfuria. Se toarnă șofranul într-un castron mic, se adaugă apa fierbinte și se lasă la macerat timp de 10 minute. Se toarnă uleiul în vasul curat și se adaugă ceapa, usturoiul și ardeiul verde. Gatiti, neacoperit, la plin timp de 4 minute. Adăugați orezul, șofranul și apa de înmuiat, mazărea, cuburi de somon, lichidul de somon rezervat, apa clocotită și sarea. Se amestecă bine, dar ușor. Acoperiți ca înainte și gătiți la Full timp de 10 minute. Lăsați să stea la cuptorul cu microunde timp de 10 minute. Gatiti la Full pentru inca 5 minute. Descoperiți și amestecați cu grijă roșiile și șunca. Se decorează cu creveți, midii și lămâie și se servește.

Heringi pane

pentru 4 persoane

4 heringi, de aproximativ 1 lb/450g fiecare, fileuți
2 frunze mari de dafin, sfărâmate grosier
15 ml/1 lingură amestec de condimente pentru murături
2 cepe, feliate și separate în rondele
150 ml/¼ pt/2/3 cană apă clocotită
20 ml/4 lingurițe de zahăr granulat
10 ml/2 lingurițe sare
90 ml/6 linguri otet de malt
Pâine unsă cu unt, de servit

Rulați fiecare file de hering de la cap până la capăt, cu pielea în interior. Aranjați în jurul marginii unei farfurii adânci de 10/25 cm diametru. Se presară cu foi de dafin și se asezonează. Aranjați inelele de ceapă între heringi. Se amestecă bine ingredientele rămase și se toarnă peste pește. Acoperiți cu folie alimentară (folie de plastic) și tăiați de două ori pentru a permite aburului să iasă. Gatiti la plin timp de 18 minute. Lăsați să se răcească, apoi răciți. Mănâncă rece cu pâine și unt.

Midiile cu sos marinara

pentru 4 persoane

Felul de mâncare național al Belgiei, servit întotdeauna cu o garnitură de chipsuri (cartofi prăjiți).

900 ml/2 buc./5 căni de midii proaspete

15 g/½ oz/l lingură unt sau margarină

1 ceapa mica, tocata

1 cățel de usturoi, zdrobit

150 ml/¼ pt/2/3 cană vin alb sec

1 plic de buchet garni

1 frunză de dafin uscată, mărunțită

7,5 ml/1½ linguriță sare

20 ml/4 lingurițe pesmet alb proaspăt

20ml/4 lingurite patrunjel tocat

Se spală scoicile sub jet de apă rece. Răzuiți barnacles și apoi tăiați ghimpele. Aruncați scoicile cu coji sparte sau deschise; poate provoca intoxicații alimentare. Spală din nou. Pune untul sau margarina într-un castron adânc. Se topește, neacoperit, la plin timp de aproximativ 30 de secunde. Amestecați ceapa și usturoiul. Acoperiți cu o farfurie și gătiți la foc complet timp de 6 minute, amestecând de două ori. Adăugați vinul, buchetul de garni, foaia de dafin, sarea și midiile. Se amestecă ușor pentru a se amesteca. Acoperiți ca înainte și gătiți la Full timp de 5 minute. Folosind o lingură cu fantă, transferați midiile în patru boluri adânci sau farfurii adânci. Se amestecă pesmetul și jumătate din pătrunjel în lichidul de gătit, apoi se toarnă peste midii. Se presară cu pătrunjelul rămas și se servește imediat.

Macrou cu rubarbă și sos de stafide

pentru 4 persoane

Sosul dulce-acru, destul de colorat, echilibrează frumos macroul bogat.

12 oz/350 g rubarbă tânără, tocată grosier
60 ml/4 linguri apă clocotită
30 ml/2 linguri stafide
30 ml/2 linguri zahăr granulat
2,5 ml/½ linguriță esență de vanilie (extract)
Coaja rasa fin si zeama de la jumatate de lamaie mica
4 macrouri, curățate, dezosate și îndepărtate capete
2 oz/50 g/¼ cană unt sau margarină
Sare și piper negru proaspăt măcinat

Puneți rubarba și apa într-o cratiță (cuptor olandez). Acoperiți cu folie alimentară (folie de plastic) și tăiați de două ori pentru a permite aburului să iasă. Gătiți la plin timp de 6 minute, întorcând vasul de trei ori. Descoperiți și zdrobiți rubarba într-o pulpă. Adăugați stafidele, zahărul, esența de vanilie și coaja de lămâie, apoi lăsați deoparte. Cu pielea îndreptată spre tine, îndoiți fiecare macrou în jumătate în cruce, de la cap până la coadă. Puneti untul sau margarina si zeama de lamaie intr-o farfurie adanca de 8/20 cm in diametru. Se topește complet timp de 2 minute. Adăugați peștele și acoperiți cu ingredientele topite. Se presară cu sare și piper. Acoperiți cu folie alimentară (folie de plastic) și tăiați de două ori pentru a permite aburului să iasă. Gătiți la foc mediu timp de 14 până la 16 minute, până când peștele arată fulgător. Se lasa sa stea 2 minute. Se încălzește prin sosul de rubarbă la Full timp de 1 minut și se servește cu macrou.

Hering cu sos de cidru de mere

pentru 4 persoane

Pregătește-te ca și pentru macrou cu sos de rubarbă și stafide, dar înlocuiește mere de gătit (acre) curățate și fără miez în locul apei cu cidrul la fiert. Sari peste stafidele.

Crap în sos de jeleu

pentru 4 persoane

1 crap foarte proaspat, curatat si taiat in 8 felii subtiri
30 ml/2 linguri otet de malt
3 morcovi, feliați subțiri
3 cepe, feliate subțiri
600 ml/1pt/2½ căni de apă clocotită
10–15 ml/2–3 lingurițe sare

Se spală crapul, apoi se înmoaie timp de 3 ore în apă rece suficientă cu oțetul adăugat pentru a acoperi peștele. (Acest lucru elimină gustul de noroi.) Pune morcovii și ceapa într-un vas adânc de 9/23 cm cu diametrul de apă clocotită și sare. Acoperiți cu folie alimentară (folie de plastic) și tăiați de două ori pentru a permite aburului să iasă. Gătiți la plin timp de 20 de minute, întorcând vasul de patru ori. Scurgeți, rezervând lichidul. (Legumele pot fi folosite în altă parte în tope sau cartofi prăjiți.) Turnați lichidul înapoi în vas. Adăugați cortul într-un singur strat. Acoperiți ca înainte și gătiți la Full timp de 8 minute, întorcând farfuria de două ori. Se lasa sa stea 3 minute. Folosind o felie de pește, transferați crapul într-un vas puțin adânc. Acoperiți și răciți. Transferați lichidul într-un ulcior și răciți până se gelatinizează ușor. Se toarnă gelatina peste pește și se servește.

Rollmops cu caise

pentru 4 persoane

3 oz/75 g caise uscate
150 ml/¼ pt/2/3 cană apă rece
3 rollmops cumpărate din magazin cu ceapă feliată
5 oz/150 g/2/3 cană smântână proaspătă
frunze de salată amestecate
pâine crustă

Spălați caisele și tăiați-le în bucăți mici. Se pune intr-un recipient cu apa rece. Acoperiți cu o farfurie răsturnată și încălziți-l pe Full timp de 5 minute. Se lasa sa stea 5 minute. Scurgere. Tăiați rollmops-urile în fâșii. Adăugați la caise cu ceapa și cu crème fraîche. Amesteca bine. Acoperiți și marinați la frigider timp de 4-5 ore. Se servesc pe frunze de salata cu crusta de paine.

hering braconat

Portie 1

Cuptorul cu microunde oprește mirosul care pătrunde în casă și lasă kipperul suculent și fraged.

1 hering mare nevopsit, aproximativ 1 lb/450g
120 ml/4 fl oz/½ cană apă rece
unt sau margarina

Tăiați heringul, aruncând coada. Se inmoaie timp de 3-4 ore in mai multe schimbari de apa rece pentru a reduce salinitatea, daca se doreste, apoi se scurge. Puneți într-un vas mare, puțin adânc, cu apă. Acoperiți cu folie alimentară (folie de plastic) și tăiați de două ori pentru a permite aburului să iasă. Gatiti la plin timp de 4 minute. Serviți pe o farfurie cu un nod de unt sau margarină.

Creveți Madras

pentru 4 persoane

1 oz/25 g/2 linguri ghee sau 15 ml/1 lingură ulei de arahide
2 cepe, tocate
2 catei de usturoi, macinati
15 ml/1 lingură pudră de curry picant
5 ml/1 lingurita chimen macinat
5 ml/1 lingurita garam masala
Suc de 1 lime mică
150 ml/¼ pt/2/3 cană bulion de pește sau de legume
30 ml/2 linguri piure de roșii (pastă)
60 ml/4 linguri sultane (stafide aurii)
450 g/1 lb/4 căni de creveți decojiți, decongelați dacă sunt congelați
¾ cană/6 oz/175 g orez cu bob lung fiert
popadoms

Puneți ghee-ul sau uleiul într-o farfurie adâncă de 20 cm/8 în diametru. Se încălzește, neacoperit, la plin timp de 1 minut. Amestecă bine ceapa și usturoiul. Gatiti, neacoperit, la plin timp de 3 minute. Adăugați pudra de curry, chimenul, garam masala și sucul de lămâie. Gatiti, neacoperit, la plin timp de 3 minute, amestecand de doua ori. Adăugați bulionul, piureul de roșii și sultanele. Acoperiți cu o farfurie răsturnată și gătiți la Full timp de 5 minute. Scurgeți creveții dacă este necesar, apoi adăugați în vas și amestecați pentru a se combina. Gatiti, neacoperit, la plin timp de 1½ minut. Serviți cu orez și popadoms.

Rulouri de platici Martini cu sos

pentru 4 persoane

8 fileuri de platica, 6 oz/175g fiecare, spalate si uscate
Sare și piper negru proaspăt măcinat
suc de 1 lămâie
2,5 ml/½ linguriță sos Worcestershire
1 oz/25 g/2 linguri de unt sau margarină
4 salote, curatate si tocate
100 g/3½ oz/1 cană șuncă fiartă, tăiată fâșii
14 oz/400 g ciuperci, feliate subțiri
20 ml/4 lingurițe făină de porumb (amidon de porumb)
20 ml/4 lingurite lapte rece
250 ml/8 fl oz/1 cană bulion de pui
150 g/¼ pt/2/3 cană smântână simplă (ușoară).
2,5 ml/½ linguriță de zahăr pudră (superfin).
1,5 ml/¼ linguriță turmeric
10 ml/2 lingurite martini bianco

Se condimentează peștele cu sare și piper. Marinați în suc de lămâie și sos Worcestershire timp de 15 până la 20 de minute. Topiți untul sau margarina într-o cratiță (tigaie). Adăugați eșalota și prăjiți (soțiți) ușor până când este moale și semitransparentă. Se adaugă șunca și ciupercile și se călesc timp de 7 minute. Se amestecă făina de porumb cu laptele rece până se omogenizează și se adaugă ingredientele rămase. Rulați fileurile de platică și străpungeți cu bețișoare de cocktail (scobitori). Aranjați într-o farfurie adâncă de 20 cm/8 în diametru. Acoperiți cu amestecul de ciuperci. Acoperiți cu folie alimentară (folie de plastic) și tăiați de două ori pentru a permite aburului să iasă. Gatiti la plin timp de 10 minute.

Ragu cu fructe de mare cu nuca

pentru 4 persoane

30 ml/2 linguri ulei de măsline
1 ceapa, curatata si tocata
2 morcovi, curatati de coaja si tocati marunt
3 tulpini de țelină, tăiate în fâșii înguste
1 ardei gras rosu (gras), fara samburi si taiat fasii
1 ardei gras verde, fara samburi si taiat fasii
1 dovlecel mic (dovlecel), tăiat și feliat subțire
250 ml/8 fl oz/1 cană vin rosé
1 plic de buchet garni
11 fl oz/325 ml/11/3 cesti supa de legume sau peste
14 oz/400 g/1 cutie mare de roșii tăiate cubulețe
4 oz/125 g inele de calmar
4 oz/125 g midii decojite, fierte
200 g/7 oz file de talpă sau limbă de lămâie, tăiată în bucăți
4 creveți giganți (creveți jumbo), fierți
2 oz/50 g/½ cană nuci, tocate grosier
30 ml/2 linguri măsline negre fără sâmburi (sâmbure)
10 ml/2 lingurițe de gin
Suc de ½ lămâie mică
2,5 ml/½ linguriță zahăr granulat
1 bagheta
30 ml/2 linguri frunze de busuioc tocate grosier

Turnați uleiul într-un vas de 2,5 litri/4½ pt/11 cani. Se încălzește, neacoperit, la plin timp de 2 minute. Adăugați legumele pregătite și adăugați uleiul pentru a se acoperi. Acoperiți cu folie alimentară (folie de plastic) și tăiați de două ori pentru a permite aburului să iasă. Gatiti la plin timp de 5 minute. Adăugați vinul și buchetul garni. Acoperiți ca înainte și gătiți la Full timp de 5 minute. Adăugați bulion, roșii și pește. Înlocuiți capacul și gătiți la Full timp de 10 minute. Se amestecă toate ingredientele rămase, cu excepția busuiocului. Înlocuiți capacul și gătiți la putere maximă timp de 4 minute. Se presară cu busuioc și se servește fierbinte.

Cazan de cod

pentru 4 persoane

1 oz/25 g/2 linguri de unt sau margarină
1 ceapa, curatata si tocata
2 morcovi, curatati de coaja si tocati marunt
2 tulpini de telina, feliate subtiri
150 ml/¼ pt/2/3 cană vin alb demisec
14 oz/400 g file de cod fără piele, tăiat în cuburi mari
15 ml/1 lingură făină de porumb (amidon de porumb)
75 ml/5 linguri lapte rece
12 fl oz/350 ml/1½ cani supa de peste sau legume
Sare și piper negru proaspăt măcinat
5 linguri/75 ml mărar tocat (iarbă de mărar)
300 ml/½ pct/1¼ cani smântână dublă (grea), bătută ușor
2 galbenusuri de ou

Puneți untul sau margarina într-o cratiță cu diametrul de 8/20 cm (cuptor olandez). Se încălzește, neacoperit, la plin timp de 2 minute. Amestecați legumele și vinul. Acoperiți cu folie alimentară (folie de plastic) și tăiați de două ori pentru a permite aburului să iasă. Gatiti la plin timp de 5 minute. Se lasa sa stea 3 minute. Descoperi. Adăugați peștele în legume. Amestecați făina de porumb cu laptele rece până la omogenizare, apoi adăugați-o în cratița cu bulionul. Sezon. Acoperiți ca înainte și gătiți la Full timp de 8 minute. Adăugați mararul. Se amestecă bine smântâna cu gălbenușurile și se amestecă în cratiță. Acoperiți și gătiți la Full timp de 1½ minut.

Tocană de cod afumat

pentru 4 persoane

Pregătiți ca pentru oala fierbinte de cod, dar înlocuiți fileul de cod afumat cu cel proaspăt.

Monkfish în sos de cremă de lămâie aurie

pentru 6

300 ml/½ pt/1¼ cană lapte integral
1 oz/25 g/2 linguri de unt sau margarină, la temperatura bucătăriei
1½ lbs/675 g file de monkfish, tăiate în bucăți mici
3 linguri/45 ml făină simplă (toate scopuri)
2 galbenusuri mari
Sucul de la 1 lămâie mare
2,5–5 ml/½ –1 linguriță sare
2,5 ml/½ linguriță tarhon tocat mărunt
Cutii de vol-au-vent gătite (pâine) sau felii de ciabatta prăjite

Se toarnă laptele într-un ulcior şi se încălzeşte, neacoperit, la plin timp de 2 minute. Puneti untul sau margarina intr-o farfurie adanca de 20 cm/8 in diametru. Se topeşte, neacoperit, în Dezgheţare timp de 1½ minute. Ungeţi bucăţile de peşte cu făină şi adăugaţi-le la unt sau margarina din vas. Turnaţi uşor laptele. Acoperiţi cu folie alimentară (folie de plastic) şi tăiaţi de două ori pentru a permite aburului să iasă. Gatiti la plin timp de 7 minute. Se bat gălbenuşurile, sucul de lămâie şi sarea şi se amestecă cu peştele. Gatiti, neacoperit, la plin timp de 2 minute. Se lasa sa stea 5 minute. Se amestecă, se stropeşte cu tarhonul şi se serveşte în cutii vol-au-vent sau cu felii de ciabatta prăjită.

Talpă în sos de cremă Golden Lemon

pentru 6

Se prepară ca peștele în sos auriu de cremă de lămâie, dar înlocuiește bucățile de monu cu talpa feliată.

somon olandez

pentru 4 persoane

4 fileuri de somon, 6–7 oz/175–200 g fiecare
150 ml/¼ pt apă/2/3 cană apă sau vin alb sec
2,5 ml/½ linguriță sare
Sos olandez

Aranjați fripturile în jurul părților laterale ale unei farfurii adânci de 8/20 cm diametru. Adăugați apă sau vin. Stropiți peștele cu sare. Acoperiți cu folie alimentară (folie de plastic) și tăiați de două ori pentru a permite aburului să iasă. Gătiți la Dezghețare (pentru a preveni stropirea somonului) timp de 16 până la 18 minute. Se lasa sa stea 4 minute. Se scot pe patru plite încălzite cu o felie de pește, scurgând lichidul. Acoperiți fiecare cu sosul olandez.

Olandeză de somon cu coriandru

pentru 4 persoane

Pregătiți ca pentru sosul olandez de somon, dar adăugați în sos 2 linguri/30 ml de coriandru tocat imediat ce s-a terminat de gătit. Pentru un plus de aromă, amestecați 10 ml/2 lingurițe de melisa tocată.

Fulgi de maioneza de somon

pentru 6

2 lbs/900 g file de somon proaspăt, fără piele
Sare și piper negru proaspăt măcinat
Unt topit sau margarină (opțional)
2 oz/50 g/½ cană fulgi de migdale (tăiate), prăjite
1 ceapa mica, tocata marunt
30 ml/2 linguri patrunjel tocat marunt
5 ml/1 lingurita tarhon tocat
200 ml/200 ml 1 cană maioneză în stil francez
Frunze de salata verde
Spray-uri de fenicul, pentru decor

Împărțiți somonul în patru porții. Aranjați în jurul marginii unei farfurii adânci de 10/25 cm diametru. Se presară sare și piper și se stropește deasupra puțin unt topit sau margarină, dacă se dorește. Acoperiți cu folie alimentară (folie de plastic) și tăiați de două ori pentru a permite aburului să iasă. Gatiti la Decongelare timp de 20 de minute. Lasam sa se raceasca pana se caleste, apoi fulgi pestele cu doua furculite. Transferați într-un bol, adăugați jumătate din migdale și ceapa, pătrunjelul și tarhonul. Se amestecă ușor maioneza până se omogenizează bine și se umezește. Tapetați o farfurie lungă de servire cu frunze de salată. Aranjați deasupra o linie de maioneză cu somon. Se presară migdalele rămase și se ornează cu fenicul.

Somon la gratar in stil mediteranean

6–8 porții

3 lb/1,5 kg porție de somon tăiat mediu
60 ml/4 linguri ulei de măsline
60 ml/4 linguri suc de lamaie
60 ml/4 linguri piure de roșii (pastă)
15 ml/1 lingura frunze de busuioc tocate
7,5 ml/1½ linguriță sare
45ml/3 linguri capere mici, scurse
45 ml/3 linguri patrunjel tocat

Spălați somonul, asigurându-vă că îndepărtați toate solzii. Se pune intr-o farfurie adanca de 20 cm/8 in diametru. Se amestecă ingredientele rămase și se pune peste pește cu lingura. Se acopera cu o farfurie si se lasa la marinat la frigider 3 ore. Acoperiți cu folie alimentară (folie de plastic) și tăiați de două ori pentru a permite aburului să iasă. Gătiți complet timp de 20 de minute, răsturnând vasul de două ori. Împărțiți în porții pentru a servi.

Kedgeree cu curry

pentru 4 persoane

Odinioară un fel de mâncare pentru micul dejun, asociat în special cu zilele coloniale din India de la începutul secolului, kedgeree este acum mai des servit la prânz.

12 oz/350 g file de cod sau eglefin afumat
60 ml/4 linguri apă rece
2 oz/50 g/¼ cană unt sau margarină
8 oz/225 g/1 cană de orez basmati
15 ml/1 lingură pudră de curry blândă
600 ml/1pt/2½ căni de apă clocotită
3 oua fierte tari (fierte)
150 ml/¼ pct/2/3 cană smântână simplă (uşoară).
15 ml/1 lingura patrunjel tocat
Sare şi piper negru proaspăt măcinat
Crengute de patrunjel, pentru a decora

Puneţi peştele într-o farfurie adâncă cu apă rece. Acoperiţi cu folie alimentară (folie de plastic) şi tăiaţi de două ori pentru a permite aburului să iasă. Gatiti la plin timp de 5 minute. Scurgere. Tocaţi carnea cu două furculiţe, îndepărtând pielea şi oasele. Pune untul sau margarina într-un vas de servire rotund rezistent la căldură de 3 halbe/7½ cani şi se topeşte la Decongelare timp de 1½-2 minute. Adăugaţi orezul, pudra de curry şi apă clocotită. Acoperiţi ca înainte şi gătiţi la Full timp de 15 minute. Tăiaţi două ouă şi amestecaţi în vasul cu peștele, smântâna și pătrunjelul, asezonați după gust. Folosind o furculiță rotundă, acoperiți cu o farfurie răsturnată și reîncălziți-l la Full timp de 5 minute. Tăiați oul rămas.

Kedgeree cu somon afumat

pentru 4 persoane

Pregătiți ca Kedgeree cu curry, dar înlocuiți eglefinul sau codul afumat cu 8 oz/225 g somon afumat (lox), tăiat fâșii. Somonul afumat nu are nevoie de pregătire.

Quiche cu pește afumat

pentru 6

6 oz/175 g aluat de patiserie (crustă de plăcintă de bază)
1 galbenus de ou, batut
4 oz/125 g de pește afumat, cum ar fi macrou, eglefin, cod sau păstrăv, gătit și fulgi
3 oua
150 ml/¼ pt/2/3 cană smântână (lactate)
30 ml/2 linguri maioneza
Sare și piper negru proaspăt măcinat
3 oz/75 g/¾ cană brânză Cheddar, rasă
Ardei
Salata mixta

Ungeți ușor cu unt o farfurie de sticlă canelată sau de porțelan cu diametrul de 20 cm/8 inchi. Se intinde aluatul si se tapeteaza vasul uns cu unt. Face clic bine peste tot, mai ales acolo unde partea laterală se întâlnește cu partea de jos. Gatiti, neacoperit, la plin timp de 6 minute, intoarceti farfuria de doua ori. Dacă apar umflături, apăsați în jos cu degetele protejate de mănuși de cuptor. Ungeți interiorul aluatului (coaja de plăcintă) cu gălbenușul de ou. Gatiti la plin timp de 1 minut pentru a sigila gaurile. Scoateți din cuptor. Acoperiți baza cu peștele. Bateți ouăle cu smântâna și maioneza, condimentând după gust. Se toarnă în quiche și se stropește cu brânză și boia. Gatiti, neacoperit, la plin timp de 8 minute. Se serveste fierbinte cu salata.

Gumbo de creveți din Louisiana

8 portii

3 cepe, tocate
2 catei de usturoi
3 tulpini de telina, tocate marunt
1 ardei gras verde, fara samburi si tocat marunt
50 g/2 oz/¼ cană unt
4 linguri/60 ml făină simplă (toate scopuri)
900 ml/1½ pct/3¾ cani bulion fierbinte de pui sau de legume
12 oz/350 g bame (degete de doamnă), cap și coadă îndepărtate
15 ml/1 lingură sare
10 ml/2 lingurite de coriandru macinat (coriandru)
5 ml/1 lingurita turmeric
2,5 ml/½ linguriță ienibahar măcinat
30 ml/2 linguri suc de lamaie
2 foi de dafin
5–10 ml/1–2 lingurițe sos tabasco
450 g/1 lb/4 căni de creveți gătiți decojiți, decongelați dacă sunt congelați
12 oz/350 g/1½ cani de orez cu bob lung fiert

Puneți ceapa într-un recipient de 2,5 litri/4½-half/11 cani. Zdrobiți usturoiul deasupra. Adăugați țelina și ardeiul gras verde. Topiți untul complet timp de 2 minute. Adăugați făina. Gatiti, neacoperit, pe plin timp de 5 pana la 7 minute, amestecand de patru ori si urmarind cu atentie sa se arda, pana cand amestecul devine un roux deschis de culoarea biscuitii. Se amestecă treptat în bulion. Pus deoparte. Tăiați bamele în bucăți și adăugați-le în legume cu toate ingredientele rămase, mai puțin tabasco și creveți, dar inclusiv amestecul de roux. Acoperiți cu folie alimentară (folie de plastic) și tăiați de două ori pentru a permite aburului să iasă. Gatiti la putere maxima timp de 25 de minute. Se lasa sa stea 5 minute. Adăugați Tabasco și creveții. Se toarnă în boluri adânci fierbinți și se adaugă la fiecare câte o grămadă de orez proaspăt fiert. Mănâncă imediat.

gumbo de monkfish

8 portii

Se prepară ca Gumbo cu creveți din Louisiana, dar înlocuiți creveții (creveți) cu aceeași greutate de moms dezosat și feliat. Acoperiți cu folie alimentară (folie de plastic) și gătiți în plin timp de 4 minute înainte de a transfera în bolurile de servire.

Mixed Fish Gumbo

8 portii

Pregătiți ca pentru Louisiana Shrimp Gumbo, dar înlocuiți creveții cu fileuri de pește cuburi asortate.

Pastrav cu Migdale

pentru 4 persoane

50 g/2 oz/¼ cană unt
15 ml/1 lingură suc de lămâie
4 păstrăvi medii
2 oz/50 g/½ cană fulgi de migdale (tăiate), prăjite
Sare și piper negru proaspăt măcinat
4 felii de lamaie
crenguțe de patrunjel

Topiți untul la Decongelare timp de 1½ minute. Adăugați sucul de lămâie. Aranjați păstrăvul, cap la coadă, într-un vas uns cu unt de 25 3 20 cm/10 3 8 in. Ungeți peștele cu amestecul de unt și stropiți cu migdale și condimente. Acoperiți cu folie alimentară (folie de plastic) și tăiați de două ori pentru a permite aburului să iasă. Gătiți complet timp de 9-12 minute, răsturnând vasul de două ori. Se lasa sa stea 5 minute. Transferați pe patru plite încălzite. Se toarnă peste lichidul de gătit și se ornează cu felii de lămâie și crenguțe de pătrunjel.

Creveți provensali

pentru 4 persoane

225 g/8 oz/1 cană de orez cu bob lung, ușor de gătit
600 ml/1 pct/2½ căni de pește fierbinte sau supă de pui
5 ml/1 lingurita sare
15 ml/1 lingură ulei de măsline
1 ceapă, rasă
1–2 căței de usturoi, zdrobiți
6 roșii mari foarte coapte, albite, decojite și tocate
15 ml/1 lingura frunze de busuioc tocate
5 ml / 1 lingurita zahar brun inchis moale
1 lb/450 g/4 căni de creveți decojiți congelați, nedecongelați
Sare și piper negru proaspăt măcinat
Pătrunjel tocat

Pune orezul într-un vas de 2 litri/3½ pt/8½ cani. Se adauga bulionul fierbinte si sarea. Acoperiți cu folie alimentară (folie de plastic) și tăiați de două ori pentru a permite aburului să iasă. Gatiti la plin timp de 16 minute. Lăsați să stea timp de 8 minute, astfel încât orezul să absoarbă toată umezeala. Turnați uleiul într-un vas de servire de 1,75 litri/3 litri/7½ cani. Se încălzește, neacoperit, la maxim timp de 1½ minut. Adăugați ceapa și usturoiul. Gatiti, neacoperit, la plin timp de 3 minute, amestecand de doua ori. Adaugam rosiile cu busuiocul si zaharul. Acoperiți cu o farfurie și gătiți la foc complet timp de 5 minute, amestecând de două ori. Se amestecă creveții congelați și se condimentează după gust. Acoperiți ca înainte și gătiți la Full timp de 4 minute, apoi separați ușor crevetii. Înlocuiți capacul și gătiți la Full încă 3 minute. Lasă să stea. Acoperiți orezul cu o farfurie și reîncălziți la Decongelare timp de 5 până la 6 minute. Se toarnă pe patru farfurii și se adaugă amestecul de pește și roșii. Se presara patrunjel si se serveste fierbinte.

Cambulă în sos de țelină cu migdale prăjite

pentru 4 persoane

8 fileuri de platică, greutate totală aproximativ 2¼ lbs./1 kg
10 fl oz/300 ml/1 cutie cremă condensată de țelină
150 m/¼ pt/2/3 cană de apă clocotită
15 ml/1 lingura patrunjel tocat marunt
30ml/2 linguri migdale fulgi (taiate), prajite

Rulați fileurile de pește de la cap până la coadă, pielea pe interior. Aranjați în jurul marginii unui vas uns cu unt cu diametrul de 10/25 cm. Bateți ușor supa și apa și adăugați pătrunjelul. Cu lingura peste peste. Acoperiți vasul cu folie alimentară (folie de plastic) și tăiați-l de două ori pentru a lăsa aburul să iasă. Gătiți complet timp de 12 minute, răsturnând vasul de două ori. Se lasa sa stea 5 minute. Gatiti la Full pentru inca 6 minute. Se toarna pe farfurii incinse si se serveste, presarat cu migdale.

Fileuri in sos de rosii cu maghiran

pentru 4 persoane

Pregătiți ca piesca în sos de țelină cu migdale prăjite, dar înlocuiți țelina și pătrunjelul cu supa de roșii condensată cu 2,5 ml/½ linguriță de maghiran uscat.

Fileuri in sos de ciuperci cu nasturel

pentru 4 persoane

Se prepară ca Plaisă în sos de țelină cu migdale prăjite, dar înlocuiește țelina și pătrunjelul cu supa de ciuperci condensată cu 30 ml/2 linguri de nasturel tocat.

Cod prăjit cu ouă poșate

pentru 4 persoane

Acesta a fost găsit într-un caiet scris de mână din secolul al XIX-lea, aparținând bunicii unui vechi prieten.

1½ lbs/675 g file de cod fără piele
10 ml/2 linguri de unt topit sau margarină sau ulei de floarea soarelui
Ardei
Sare și piper negru proaspăt măcinat
2 oz/50 g/¼ cană unt sau margarină
8 ceai mari, tăiați și tocați
12 oz/350 g cartofi fierți la rece, tăiați cubulețe
150 ml/¼ pct/2/3 cană smântână simplă (ușoară).
5 ml/1 lingurita sare
4 ouă
6 fl oz/175 ml/¾ cană apă fierbinte
5 ml/1 lingurita otet

Aranjați peștele într-o farfurie adâncă. Ungeți cu puțin unt topit sau margarină sau ulei. Se condimentează cu boia, sare și piper. Acoperiți cu folie alimentară (folie de plastic) și tăiați de două ori pentru a permite aburului să iasă. Gătiți la Dezghețare timp de 14 până la 16 minute. Tocați peștele cu două furculițe, îndepărtând oasele. Puneți restul de unt, margarină sau ulei într-o cratiță cu diametrul de 8/20 cm (cuptor olandez). Se încălzește, neacoperit, la Dezghețare timp de 1½ până la 2 minute. Amestecați ceapa. Acoperiți cu o farfurie și gătiți la

Full timp de 5 minute. Se adauga pestele cu cartofii, smantana si sarea. Acoperiți ca mai înainte și reîncălziți la maxim timp de 5 până la 7 minute, până când este foarte fierbinte, amestecând o dată sau de două ori. Stați cald. Pentru a bracona ouăle, Rupeți ușor două pe o farfurie mică și adăugați jumătate din apă și jumătate din oțet. Înțepați gălbenușurile cu vârful unui cuțit. Acoperiți cu o farfurie și gătiți la Full timp de 2 minute. Se lasa sa stea 1 minut. Repetați cu ouăle rămase, apă fierbinte și oțet. Aranjați porții de haș pe patru plite și acoperiți fiecare cu un ou.

Merluciu și Legume în Cidru

pentru 4 persoane

2 oz/50 g/¼ cană unt sau margarină
1 ceapă, feliată subțire și separată în rondele
3 morcovi, feliați subțiri
2 oz/50 g ciuperci, feliate
4 bucăți de eglefin sau alt pește alb filet și fără piele
5 ml/1 lingurita sare
150 ml/¼ pt/2/3 cani de cidru demidulce
10 ml/2 lingurițe de făină de porumb (amidon de porumb)
15 ml/1 lingură apă rece

Pune jumatate din unt sau margarina intr-o farfurie adanca de 8/20 cm in diametru. Se topește, neacoperit, în Dezghețare timp de aproximativ 1½ minut. Adăugați ceapa, morcovii și ciupercile. Aranjați pestele deasupra. Se presară cu sare. Turnați ușor cidrul peste pește. Stropiți cu restul de unt sau margarina. Acoperiți cu folie alimentară (folie de plastic) și tăiați de două ori pentru a permite aburului să iasă. Gatiti la plin timp de 8 minute. Într-un ulcior de sticlă, amestecați ușor făina de porumb cu apa rece și strecurați ușor lichiorul de pește. Gatiti, neacoperit, la plin timp de 2 ½ minute pana se ingroasa, amestecand in fiecare minut. Se toarnă peste pește și legume. Se toarnă pe farfurii fierbinți și se mănâncă imediat.

tort de plajă

pentru 4 persoane

Pentru acoperire:

1½ lbs/700 g cartofi făinoase, greutate necurăţată
75 ml/5 linguri de apă clocotită
15 ml/1 lingură unt sau margarină
75 ml/5 linguri lapte sau smântână (uşoară)
Sare si piper proaspat macinat
Nucşoară

Pentru sos:

300 ml/½ pt/1¼ cană lapte rece
30 ml/2 linguri de unt sau margarină
20 ml/4 linguriţe de făină simplă (universală).
75 ml/5 linguri brânză Leicester roşie sau Cheddar colorată, rasă
5 ml/1 linguriţă de muştar integral
5 ml/1 linguriţă sos Worcestershire

Pentru amestecul de peste:

1 lb/450 g file de peşte alb fără piele, la temperatura bucătăriei
unt topit sau margarina
Ardei
60 ml/4 linguri brânză Leicester roşu sau Cheddar colorată, rasă

Pentru a face toppingul, spălați și curățați cartofii și tăiați-i cubulețe mari. Puneți într-un vas de 1,5 litri/2½ pt/6 cani cu apă clocotită. Acoperiți cu folie alimentară (folie de plastic) și tăiați de două ori pentru a permite aburului să iasă. Gătiți complet timp de 15 minute, răsturnând vasul de două ori. Se lasa sa stea 5 minute. Scurgeti si pasati bine cu untul sau margarina si laptele sau smantana, batand pana devine pufoasa. Asezonați după gust cu sare, piper și nucșoară.

Pentru a face sosul, încălziți laptele, neacoperit, la plin timp de 1½ minut. Pus deoparte. Topiți untul sau margarina, descoperite, la Dezghețare timp de 1 până la 1½ minut. Adăugați făina. Gatiti, neacoperit, la plin timp de 30 de secunde. Amestecați treptat laptele. Gătiți complet timp de aproximativ 4 minute, amestecând în fiecare minut pentru a asigura netezime, până când sosul se îngroașă. Adăugați brânza cu ingredientele rămase pentru sos.

Pentru a face amestecul de pește, puneți fileurile într-un vas adânc și ungeți cu unt topit sau margarină. Se condimentează cu boia, sare și piper. Acoperiți cu folie alimentară (folie de plastic) și tăiați de două ori pentru a permite aburului să iasă. Gătiți complet timp de 5-6 minute. Tocați peștele cu două furculițe, îndepărtând oasele. Transferați într-un vas uns cu unt de 1,75 litri/3 pt/7½ cani. Se amestecă în sos. Acoperiți cu cartofii și stropiți cu brânză și boia de ardei în plus. Reîncălziți, neacoperit, la maxim timp de 6-7 minute.

garnituri de pește afumat

Servici 2

2 porții congelate de eglefin afumat, 6 oz/175 g fiecare
piper negru proaspăt măcinat
1 dovlecel mic (dovlecel), feliat
1 ceapă mică, tăiată subțire
2 roșii, albite, decojite și tocate
½ ardei gras rosu, fara samburi si taiat fasii
15 ml/1 lingură arpagic tocat

Puneți peștele într-o farfurie adâncă de 18 cm/7 în diametru. Asezonați cu piper. Acoperiți cu folie alimentară (folie de plastic) și tăiați de două ori pentru a permite aburului să iasă. Gatiti la plin timp de 8 minute. Se toarnă sucurile peste pește, apoi se lasă să stea 1 minut. Puneți legumele într-o altă cratiță medie (cuptor olandez). Acoperiți cu o farfurie și gătiți la foc complet timp de 5 minute, amestecând o dată. Aranjați legumele peste pește. Acoperiți ca înainte și gătiți la Full timp de 2 minute. Se presară cu arpagic și se servește.

File de Coley cu gem de praz și lămâie

Servici 2

Un aranjament neconvențional de la Autoritatea Peștelui de Mare din Edinburgh, care a donat și următoarele trei rețete.

15 ml/1 lingura unt
1 cățel de usturoi, curățat și zdrobit
1 praz, tăiat și feliat subțire
2 file de coley, 6 oz/175 g fiecare, fără piele
Suc de ½ lămâie
10 ml/2 lingurițe marmeladă de lămâie
Sare și piper negru proaspăt măcinat

Puneti untul, usturoiul si prazul intr-un vas adanc de 7/18 cm in diametru. Acoperiți cu folie alimentară (folie de plastic) și tăiați de două ori pentru a permite aburului să iasă. Gatiti la plin timp de 2½ minute. Descoperi. Aranjați fileurile deasupra și stropiți cu jumătate de suc de lămâie. Acoperiți ca înainte și gătiți la Full timp de 7 minute. Transferați peștele pe două plite și păstrați-l la cald. Amestecați sucul de lămâie rămas, dulceața și condimentele cu sucul de pește și prazul. Acoperiți cu o farfurie și gătiți la foc complet timp de 1½ minut. Se toarna peste peste si se serveste.

pește marin într-o jachetă

pentru 4 persoane

4 cartofi de copt, nedecojiti dar bine spalati
1 lb/450 g file de pește alb, fără piele și tăiat cuburi
45 ml/3 linguri de unt sau margarină
3 cepe de primăvară (cepe), tăiate și tocate
30 ml/2 linguri muștar integral
1,5 ml/¼ linguriță boia de ardei, plus suplimentar pentru stropire
30–45 ml/2–3 linguri iaurt simplu
Sare

Așezați cartofii direct pe platoul turnanți, acoperiți cu hârtie de bucătărie și gătiți la maxim timp de 16 minute. Înfășurați-l într-un prosop de bucătărie curat (prosop de vase) și lăsați-l deoparte. Puneți peștele într-o caserolă de 18 cm diametru (cuptor olandez) cu untul sau margarina, ceapa primăvară, muștarul și boia de ardei. Acoperiți cu o farfurie și gătiți la foc complet timp de 7 minute, amestecând de două ori. Se lasa sa stea 2 minute. Amestecați iaurtul și sarea după gust. Tăiați o cruce în vârful fiecărui cartof și strângeți ușor pentru a deschide. Se umple cu amestecul de pește, se stropește cu boia și se mănâncă fierbinte.

Cod suedez cu unt topit și ou

pentru 4 persoane

300 ml/½ pt/1¼ cană apă rece
3 dinți întregi
5 boabe de ienupăr
1 frunză de dafin, măruntită
2,5 ml/½ linguriță amestec de condimente pentru murături
1 ceapă, tăiată în sferturi
10 ml/2 lingurițe sare
4 fileuri de cod proaspăt tăiate medie, câte 225 g fiecare
75 g/3 oz/2/3 cană unt
2 oua fierte tari (fierte) (paginile 98 si 9), decojite si tocate

Puneți într-un borcan de sticlă apa, cuișoarele, boabele de ienupăr, frunza de dafin, condimentele murate, sferturile de ceapă și sare. Acoperiți cu folie alimentară (folie de plastic) și tăiați de două ori pentru a permite aburului să iasă. Gatiti la plin timp de 15 minute. Presiune. Puneți peștele într-o farfurie adâncă de 10/25 cm diametru și turnați lichidul strecurat. Acoperiți cu folie alimentară și tăiați de două ori, astfel încât să iasă aburul. Gătiți complet timp de 10 minute, răsturnând vasul de două ori. Transferați peștele pe o plită încinsă, folosind o felie de pește și păstrați-l la cald. Topiți untul, neacoperit, la Dezghețare timp de 2 minute. Se toarnă peste pește. Se presara cu ouale tocate si se serveste.

fructe de mare stroganoff

pentru 4 persoane

30 ml/2 linguri de unt sau margarină
1 căţel de usturoi, zdrobit
1 ceapă, feliată
4 oz/125 g ciuperci
1½ lbs/700 g file de peşte alb, fără piele şi tăiat cuburi
150 ml/¼ pt/2/3 cană smântână (lactate) sau crème fraîche
Sare şi piper negru proaspăt măcinat
30 ml/2 linguri patrunjel tocat

Puneţi untul sau margarina într-o cratiţă cu diametrul de 8/20 cm (cuptor olandez). Se topeşte, neacoperit, în Dezgheţare timp de 2 minute. Adăugaţi usturoiul, ceapa şi ciupercile. Acoperiţi cu folie alimentară (folie de plastic) şi tăiaţi de două ori pentru a permite aburului să iasă. Gatiti la plin timp de 3 minute. Adăugaţi cuburile de peşte. Acoperiţi ca înainte şi gătiţi la Full timp de 8 minute. Se adauga smantana si se condimenteaza cu sare si piper. Acoperiţi din nou şi gătiţi la Full timp de 1½ minut. Se serveste presarat cu patrunjel.

stroganoff de ton proaspăt

pentru 4 persoane

Pregătește-l ca un Stroganoff cu fructe de mare, dar înlocuiește tonul foarte proaspăt cu peștele alb.

Pește Alb Ragu Suprem

pentru 4 persoane

30 ml/2 linguri de unt sau margarină
1 ceapa tocata
2 morcovi, tocați mărunt
6 tulpini de telina, feliate subtiri
150 ml/¼ pt/2/3 cană vin alb
400 g/14 oz file de cod sau eglefin fără piele, tăiat cubulețe
10 ml/2 lingurițe de făină de porumb (amidon de porumb)
90 ml/6 linguri smântână unică (ușoară)
150 ml/¼ pt/2/3 cană bulion de legume
Sare și piper negru proaspăt măcinat
2,5 ml/½ linguriță esență de hamsii (extract) sau sos Worcestershire
30 ml/2 linguri mărar tocat (iarbă de mărar)
300 ml/½ pt/1¼ cani smântână pentru frișcă
2 galbenusuri de ou

Puneți untul sau margarina într-o cratiță cu diametrul de 8/20 cm (cuptor olandez). Se încălzește, neacoperit, la plin timp de 2 minute. Adăugați legumele și vinul. Acoperiți cu folie alimentară (folie de plastic) și tăiați de două ori pentru a permite aburului să iasă. Gatiti la plin timp de 5 minute. Se lasa sa stea 3 minute. Adăugați peștele în legume. Se amestecă ușor făina de porumb în smântână, apoi se amestecă în bulion. Se condimenteaza cu sare, piper si esenta de ansoa sau sos Worcestershire. Se toarnă peste pește. Acoperiți ca înainte și gătiți la Full timp de 8 minute. Amestecați mararul, apoi amestecați smântâna și gălbenușurile de ou și amestecați în amestecul de pește. Acoperiți ca înainte și gătiți la Decongelare timp de 3 minute.

Mousse de somon

8 portii

30 ml/2 linguri gelatina pudra
150 ml/¼ pt/2/3 cană apă rece
15 oz/418 g/1 cutie mare de somon sockeye
150 ml/¼ pt/2/3 cană maioneză cremoasă
15 ml/1 lingură muştar blând
10 ml/2 linguriţe sos Worcestershire
30 ml/2 linguri chutney de fructe, tocat dacă este necesar
Suc de ½ lămâie mare
2 albusuri mari
putina sare
Nasturel, felii de castravete, salata verde si felii de lime proaspata, pentru decor

Se amestecă gelatina în 75 ml/5 linguri de apă rece şi se lasă 5 minute să se înmoaie. Se topeşte, neacoperit, la Dezgheţare timp de 2½-3 minute. Se amestecă din nou şi se amestecă cu apa rămasă. Se toarnă conţinutul formei de somon într-un bol destul de mare şi se fulge cu o furculiţă, îndepărtând pielea şi oasele, apoi se toarnă destul de fin. Se amestecă gelatina topită, maioneza, muştarul, sosul Worcestershire, chutney şi sucul de lămâie. Acoperiţi şi răciţi până abia începe să se îngroașe și acoperiți marginile. Bate albusurile spuma pana se taie. Bateți o treime din amestecul de somon stabilit cu sarea. Se amestecă albușurile rămase și se transferă amestecul într-o formă circulară de 1,5 litri / 2½ pt / 6 cani, clătând mai întâi cu apă rece. Acoperiți cu folie alimentară (folie de plastic) și lăsați-l la rece timp de 8 ore până când se întărește. Înainte de servire, introduceți rapid tigaia până la margine în și din apă rece pentru a o slăbi. Treceți ușor un cuțit umed pe părțile laterale, apoi răsturnați-l pe o farfurie mare umedă de servire. (Umezirea previne lipirea gelatinei.) Decorați atractiv cu o mulțime de nasturel, felii de castraveți, verdeață de salată și felii de lime.

Mousse de somon pentru cei care fac diete

8 portii

Pregătiți ca pentru mousse de somon, dar înlocuiți maioneză cu queso fresco sau brânză de vaci.

crab dimineața

pentru 4 persoane

300 ml/½ pt/1¼ cană lapte integral
10 ml/2 linguriță amestec de condimente pentru murături
1 ceapă mică, tăiată în 8 felii
2 crengute de patrunjel
Un praf de nucsoara
30 ml/2 linguri de unt
2 linguri/30 ml făină simplă (universală).
Sare și piper negru proaspăt măcinat
3 oz/75 g/¾ cană brânză Gruyère (elvețiană), rasă
5 ml/1 lingurita mustar continental
12 oz/350 g carne de crab deschisă și închisă la culoare
felii de pâine prăjită

Se toarnă laptele într-un vas de sticlă sau de plastic şi se adaugă condimentele pentru murături, felii de ceapă, pătrunjel şi nucşoară. Acoperiţi cu o farfurie şi încălziţi-l pe Full timp de 5 până la 6 minute până când laptele începe să tremure. Presiune. Pune untul într-un recipient de 1,5 litri/2½ pt/6 cani şi se topeşte la Decongelare timp de 1½ minute. Se amestecă făina. Gatiti la putere maxima timp de 30 de secunde. Amestecaţi treptat laptele cald. Se fierbe pe Full timp de aproximativ 4 minute, amestecând în fiecare minut, până când sosul fierbe şi se îngroaşă. Se condimentează cu sare şi piper şi se adaugă brânza şi muştarul. Gatiti la maxim 30 de secunde sau pana cand branza se topeste. Adăugaţi carne de crab. Acoperiţi cu o farfurie şi reîncălziţi la maxim 2 până la 3 minute. Serviţi pe pâine prăjită proaspăt făcută.

ton dimineaţa

pentru 4 persoane

Pregătiţi ca pentru Crab Mornay, dar înlocuiţi carnea de crab cu conserva de ton în ulei. Se toaca carnea cu doua furculite si se adauga in sosul cu uleiul din cutie.

Dimineaţa de somon roşu

pentru 4 persoane

Pregătiţi ca pentru Crab Mornay, dar înlocuiţi carnea de crab cu somon sockeye din conserva, scurs şi fulgi.

Combo cu fructe de mare și nuci

pentru 4 persoane

45 ml/3 linguri ulei de măsline
1 ceapa tocata
2 morcovi, feliați
2 tulpini de telina, feliate subtiri
1 ardei gras rosu (gras), fara samburi si taiat fasii
1 ardei gras verde, fara samburi si taiat fasii
1 dovlecel mic (dovlecel), feliat subțire
250 ml/8 fl oz/1 cană de vin alb
Un praf de condimente amestecate
300 ml/½ pct/1¼ cană bulion de pește sau de legume
1 lb/450g roșii coapte, albite, curățate și tocate
4 oz/125 g inele de calmar
400 g/14 oz file de platica sau talpa de lamaie, taiata in patrate
125g/4oz midii fierte
4 creveți mari fierți (creveți)

2 oz/50 g/½ cană nuci, tăiate la jumătate sau tocate

50 g/2 oz/1/3 cană sultane (stafide aurii)

un praf de sherry

Sare și piper negru proaspăt măcinat

suc de 1 lămâie

30 ml/2 linguri patrunjel tocat

Încinge ulei într-o cratiță de 2,5 litri/4½ pt/11 cani (cuptor olandez) la foc mare timp de 2 minute. Adăugați toate legumele. Gatiti, neacoperit, la plin timp de 5 minute, amestecand de doua ori. Se adauga vinul, condimentele, bulionul si rosiile cu tot pestele si crustaceele. Acoperiți cu folie alimentară (folie de plastic) și tăiați de două ori pentru a permite aburului să iasă. Gatiti la plin timp de 10 minute. Adăugați toate ingredientele rămase, cu excepția pătrunjelului. Acoperiți ca înainte și gătiți la Full timp de 4 minute. Descoperiți, stropiți cu pătrunjel și serviți imediat.

Inel de somon cu mărar

8-10 porții

*4 oz/125 g/3½ felii de pâine albă cu textură liberă
2 lbs/900g file de somon proaspăt fără piele, tăiat cubulețe
10 ml/2 lingurite sos de hamsii imbuteliat
5–7,5 ml/1–1½ linguriță sare
1 cățel de usturoi, zdrobit
4 ouă mari, bătute
1 oz/25 g mărar proaspăt (buruiană de mărar)
piper alb*

Ungeți cu unt o farfurie adâncă de 23 cm/9 în diametru. Zdrobiți pâinea într-un robot de bucătărie. Adăugați toate ingredientele rămase. Pulsați mașina până când amestecul este combinat și peștele este tocat grosier. Evitați amestecarea excesivă, altfel amestecul va fi greu și dens. Întindeți ușor pe felul de mâncare pregătit și împingeți un borcan de dulceață pentru copii (conservă) sau o cupă de ouă cu laturi drepte în centru, astfel încât amestecul să formeze un inel. Acoperiți cu folie alimentară (folie de plastic) și tăiați de două ori pentru a permite aburului să iasă. Gătiți complet timp de 15 minute, răsturnând vasul de două ori. (Inelul se va micșora din partea laterală a plăcii.) Lăsați să stea până se răcește, apoi acoperiți din nou și răciți. Tăiați felii și serviți. Resturile pot fi folosite la sandvișuri.

Inel de pește amestecat cu pătrunjel

8-10 porții

Pregătiți ca pentru Dill Salmon Ring, dar înlocuiți somonul cu un amestec de file de somon proaspăt fără piele, halibut și eglefin și mărar cu 45 ml/3 linguri pătrunjel tocat.

Caserolă De Cod Cu Bacon și Roșii

pentru 6

30 ml/2 linguri de unt sau margarină
8 oz/225 g sunca, tocata grosier
2 cepe, feliate
1 ardei gras verde mare, fara samburi si taiat fasii
2 3 400 g/2 3 14 oz/2 conserve mari de roșii
15 ml/1 lingură muștar continental blând
45 ml/3 linguri Cointreau sau Grand Marnier
Sare și piper negru proaspăt măcinat
1½ lbs/700g file de cod fără piele, tăiat cubulețe
2 catei de usturoi, macinati
60 ml/4 linguri pesmet de grâu integral prăjit
15 ml/1 lingura ulei de arahide sau floarea soarelui

Puneți untul sau margarina într-o cratiță de 2 litri/3½ pt/8½ cani (cuptor olandez). Se încălzește, neacoperit, la maxim timp de 1½ minut. Se amestecă șunca, ceapa și ardeiul. Gatiti, neacoperit, la Decongelare timp de 10 minute, amestecand de doua ori. Scoateți din cuptorul cu microunde. Lucrați roșiile, despărțindu-le cu o furculiță și adăugați muștarul, lichiorul și condimentele. Acoperiți cu folie alimentară (folie de plastic) și tăiați de două ori pentru a permite aburului să iasă. Gatiti la plin timp de 6 minute. Adăugați peștele și usturoiul. Acoperiți ca înainte și gătiți la foc mediu timp de 10 minute. Se presară pesmet și se toarnă uleiul deasupra. Se încălzește, neacoperit, la plin timp de 1 minut.

Slimmers Fish Pot

Servici 2

Nuanțat cu un sos picant iute jalapeño, răsfățați-vă cu acest festin de pește de lux cu pâine franțuzească crocantă și vin roșu rustic.

2 cepe, tocate grosier

2 catei de usturoi, macinati

15 ml/1 lingură ulei de măsline

14 oz/400 g/1 cutie mare de roșii tăiate cubulețe

200 ml/7 fl oz/rar 1 cană de vin roze

15 ml/1 lingură Pernod sau Ricard (pastis)

10 ml/2 lingurițe sos jalapeño

2,5 ml/½ linguriță sos iute

10 ml/2 lingurițe garam masala

1 frunză de dafin

2,5 ml/½ linguriță de oregano uscat

2,5–5 ml/½–1 linguriță sare

225 g/225 g de monk sau halibut fără piele, tăiate fâșii

12 creveți mari fierți (creveți)
2 scoici mari, tăiate fâșii
30 ml/2 linguri coriandru tocat, pentru a decora

Puneți ceapa, usturoiul și uleiul într-o cratiță de 2 litri/3½ pt/8½ cani (cuptor olandez). Acoperiți cu o farfurie și gătiți la Full timp de 3 minute. Amestecați ingredientele rămase, cu excepția peștelui, crustaceelor și coriandru. Acoperiți ca înainte și gătiți la Full timp de 6 minute, amestecând de trei ori. Amestecați cu monkfish sau halibut. Acoperiți ca înainte și gătiți la Decongelare timp de 4 minute până când peștele se albește. Adăugați creveții și scoici. Acoperiți ca înainte și gătiți la Decongelare timp de 1½ minut. Se amestecă, se pune în farfurii adânci și se stropește fiecare cu coriandru. Serviți imediat.

Pui la gratar

Puiul la microunde poate fi suculent și aromat atractiv dacă este tratat cu ungere adecvată și lăsat neumplut.

1 pui gata de cuptor, de dimensiunea cerută

Pentru ungere:
1 oz/25 g/2 linguri de unt sau margarină
5 ml/1 lingurita boia de ardei
5 ml/1 linguriță sos Worcestershire
5 ml/1 lingurita sos de soia
2,5 ml/½ linguriță sare de usturoi sau 5 ml/1 linguriță pastă de usturoi
5 ml/1 lingurita piure de rosii (pasta)

Aranjați puiul spălat și uscat pe o farfurie suficient de mare pentru a ține confortabil și, de asemenea, pentru microunde. (Nu trebuie să fie adânc.) Pentru a face ungerea, topește untul sau margarina la Full timp de 30 până la 60 de secunde. Adăugați ingredientele rămase și turnați peste pui. Acoperiți cu folie alimentară (folie de plastic) și tăiați de două ori pentru a permite aburului să iasă. Gătiți complet timp de 8 minute la 1 lb/450g, întorcând farfuria la fiecare 5 minute. La jumătatea gătitului, opriți cuptorul cu microunde și lăsați pasărea să stea înăuntru timp de 10 minute, apoi finalizați gătitul. Lasă să stea încă 5 minute. Transferați pe o placă de sculptat, acoperiți cu folie și lăsați să se odihnească timp de 5 minute înainte de a tăia felii.

Friptură de pui glazurată

Pregătiți ca pentru puiul fript, dar adăugați 5 ml/1 linguriță melasă (melasă), 10 ml/2 lingurițe zahăr brun, 5 ml/1 linguriță suc de lămâie și 5 ml/1 linguriță sos brun la ungere. Lăsați încă 30 de secunde de timp de gătit.

Pui Tex-Mex

Pregătiți ca pentru puiul fript. După gătit, împărțiți pasărea în porții și puneți-le pe o farfurie curată. Acoperiți cu sos cumpărat din magazin, mediu spre iute, în funcție de gust. Stropiți cu 2 căni/8 oz/225 g brânză Cheddar mărunțită. Reîncălziți, neacoperit, la Dezghețare timp de aproximativ 4 minute până când brânza este topită și clocotește. Serviți cu fasole prăjită la conserva și felii de avocado stropite cu suc de lămâie.

Pui marinat

1 Friptură de Pui
45 ml/3 linguri vin alb
30 ml/2 linguri piure de roșii (pastă)
30 ml/2 linguri chutney de mango
30 ml/2 linguri dulceata de caise cernuta (conserve)
30 ml/2 linguri de apă
Suc de ½ lămâie
10 ml/2 lingurițe pastă blândă de curry
10 ml/2 lingurițe sherry
300 ml/½ pt/1¼ cană maioneză groasă
60 ml/4 linguri frisca
8 oz/225 g/1 cană de orez cu bob lung fiert
Nasturel

Urmați rețeta de pui la rotisor, inclusiv ungerea. După gătit, scoateți carnea de pe oase și tăiați-o în bucăți mici. Puneți într-un bol de amestecare. Se toarnă vinul pe o farfurie și se adaugă piureul de roșii, chutney, dulceața, apa și sucul de lămâie. Se încălzește, neacoperit, la plin timp de 1 minut. Lasa sa se raceasca. Se adauga pasta de curry, sherry si maioneza si se adauga smantana. Se amestecă cu puiul. Aranjați un pat de orez pe o farfurie mare de servire și turnați peste amestecul de pui. Decorați cu nasturel.

pui veronica

1 Friptură de Pui
1 ceapa, rasa fin
1 oz/25 g/2 linguri de unt sau margarină
150 ml/¼ pt/2/3 cană smântână proaspătă
30 ml/2 linguri porto alb sau sherry semi-uscat
60 ml/4 linguri maioneza groasa
10 ml/2 lingurițe de muștar făcut
5 ml/1 lingurita sos de rosii (ketchup)
1 tulpină mică de țelină, tocată
3 oz/75 g struguri verzi fără semințe
Ciorchini mici de struguri verzi sau rosii fara samburi, pentru decor

Urmați rețeta de pui la rotisor, inclusiv ungerea. După gătit, scoateți carnea de pe oase și tăiați-o în bucăți mici. Puneți într-un bol de amestecare. Pune ceapa într-un castron mic cu untul sau margarina și gătește-o, neacoperită, pe Full timp de 2 minute. Într-un al treilea castron, amestecați împreună crème fraîche, porto sau sherry, maioneza, muștarul, sosul de roșii și țelina. Se adaugă la pui cu ceapa fiartă și strugurii. Se toarnă cu grijă pe un platou de servire și se ornează cu ciorchinii de struguri.

Pui in sos de otet cu tarhon

Adaptat după o rețetă descoperită într-un restaurant important din Lyon, Franța, la începutul anilor 1970.

1 Friptură de Pui
1 oz/25 g/2 linguri de unt sau margarină
30 ml/2 linguri faina de porumb (amidon de porumb)
15 ml/1 lingură piure de roșii (pastă)
45 ml/3 linguri smântână dublă (grea)
45 ml/3 linguri otet de malt
Sare și piper negru proaspăt măcinat

Urmați rețeta de pui la rotisor, inclusiv ungerea. Tăiați pasărea fiartă în șase porții, acoperiți cu folie de aluminiu și păstrați-l la cald pe o farfurie. Pentru a face sosul, turnați sucul de gătit de la pui într-un vas de măsurat și aduceți până la 250 ml/8 fl oz/1 cană cu apă fierbinte. Puneti untul sau margarina intr-un vas separat si incalziti, neacoperit, pe Full timp de 1 minut. Adăugați făina de porumb, piureul de roșii, smântâna și oțetul și asezonați după gust cu sare și piper negru proaspăt măcinat. Amestecați treptat sucul fierbinte de pui. Gatiti, neacoperit, la plin timp de 4-5 minute, pana cand se ingroasa si clocotesc, amestecand in fiecare minut. Se toarnă peste pui și se servește imediat.

Friptură daneză de pui cu umplutură de pătrunjel

Pregătiți ca pentru puiul fript, dar faceți mai multe fâșii în pielea puiului crud și înmuiați-o cu fire mici de pătrunjel. Pune 25 g/1 oz/2 linguri de unt de usturoi în cavitatea corpului. Apoi procedați ca în rețetă.

sim de pui

O specialitate anglo-indiană aparținând zilelor Raj.

1 Friptură de Pui
15 ml/1 lingura unt
1 lingurita/5ml radacina de ghimbir, tocata marunt
5 ml/1 linguriță piure de usturoi (pastă)
2,5 ml/½ linguriță turmeric
2,5 ml/½ linguriță boia de ardei
5 ml/1 lingurita sare
300 ml/½ pt/1¼ cani smântână pentru frișcă
Inele de ceapa prajite (sotate), de casa sau cumparate din magazin, pentru garnitura

Urmați rețeta de pui la rotisor, inclusiv ungerea. După gătit, împărțiți pasărea în șase părți și păstrați-le calde pe un platou sau farfurie mare. Se încălzește untul într-un vas de 600 ml/1 pt/2½ cană la Full timp de 1 minut. Adăugați piureul de ghimbir și usturoi. Gatiti, neacoperit, la plin timp de 1½ minut. Se amestecă turmericul, boia de ardei și sarea, apoi smântâna. Se încălzește, neacoperit, pe Full timp de 4-5 minute, până când crema începe să clocotească, bătând de cel puțin patru ori. Se toarnă peste pui și se ornează cu rondele de ceapă.

Pui picant cu nucă de cocos și coriandru

pentru 4 persoane

Un fel de mâncare cu curry delicat condimentat din sudul Africii.

8 porții de pui, 2¾ lbs./1,25 kg total
45 ml/3 linguri nucă de cocos deshidratată (mărunțită)
1 ardei iute verde, de aproximativ 3/8 cm lungime, fără sămânță și tocat
1 cățel de usturoi, zdrobit
2 cepe, ras
5 ml/1 lingurita turmeric
5 ml/1 lingurita ghimbir macinat
10 ml/2 lingurițe pudră de curry ușor
90 ml/6 linguri coriandru tocat grosier
150 ml/¼ pt/2/3 cană lapte de cocos conservat
125 g/4 oz/½ cană brânză de vaci cu arpagic
Sare
¾ cană/6 oz/175 g orez cu bob lung fiert
Chutney, de servit

Curățați puiul. Așezați în jurul marginii unei plăci adânci de 10/25 cm diametru, împingând piesele împreună pentru a se potrivi perfect. Acoperiți cu folie alimentară (folie de plastic) și tăiați de două ori pentru a permite aburului să iasă. Gătiți complet timp de 10 minute, răsturnând vasul de două ori. Puneți nuca de cocos într-un bol cu toate ingredientele rămase, cu excepția orezului. Amesteca bine. Descoperiți puiul și acoperiți cu amestec de nucă de cocos. Acoperiți ca înainte și gătiți la Full timp de 10 minute, întorcând farfuria de patru ori. Serviți în boluri peste o grămadă de orez cu chutney întins separat.

Iepure picant

pentru 4 persoane

Pregătiți-l ca puiul picant și coriandru cu nucă de cocos, dar înlocuiți puiul cu opt porții de iepure.

curcan picant

pentru 4 persoane

Pregătiți ca pentru puiul picant și coriandru cu nucă de cocos, dar înlocuiți puiul cu opt bucăți de 6 oz/175 g de piept de curcan dezosat.

Bredie de pui cu rosii

pentru 6

O tocană sud-africană, folosind cea mai populară combinație de ingrediente a oamenilor.

30 ml/2 linguri ulei de floarea soarelui sau de porumb
3 cepe, tocate mărunt
1 cățel de usturoi, tocat mărunt
1 ardei iute verde mic, fără sămânță și tocat
4 roșii, albite, fără coajă și feliate
1½ lbs/750 g piept de pui dezosat, tăiat în cuburi mici
5 ml / 1 lingurita zahar brun inchis moale
10 ml/2 linguri piure de roșii (pastă)
7,5–10 ml/1½–2 linguriță sare

Se toarnă uleiul într-o farfurie adâncă de 25 cm/10 în diametru. Adăugați ceapa, usturoiul și chili și amestecați bine. Gatiti, neacoperit, timp de 5 minute. Adăugați ingredientele rămase în vas și faceți o adâncitură mică în centru cu o cupă de ouă, astfel încât amestecul să formeze un inel. Acoperiți cu folie alimentară (folie de plastic) și tăiați de două ori pentru a permite aburului să iasă. Gătiți la plin timp de 14 minute, întorcând vasul de patru ori. Lăsați să se odihnească 5 minute înainte de servire.

Pui gătit roșu chinezesc

pentru 4 persoane

O tocană chinezească sofisticată, puiul capătă o culoare de mahon pe măsură ce se fierbe în sos. Mănâncă cu mult orez fiert pentru a absorbi sucurile sărate.

6 ciuperci chinezești uscate
8 pulpe mari de pui, 2¼ lbs/1 kg total
1 ceapa mare, rasa
60 ml/4 linguri de ghimbir conservat tocat fin
75 ml/5 linguri sherry dulce
15 ml/1 lingură melasă (melasă)
Coaja rasă a unei mandarine sau citrice similare cu coajă liberă
2 fl oz/50 ml/3½ cană sos de soia

Înmuiați ciupercile în apă fierbinte timp de 30 de minute. Scurgeți și tăiați fâșii. Tăiați părțile cărnoase ale coapselor și așezați-le pe marginea unei plăci adânci de 10/25 cm diametru, cu capetele osoase îndreptate spre centru. Acoperiți cu folie alimentară (folie de plastic) și tăiați de două ori pentru a permite aburului să iasă. Gătiți la plin timp de 12 minute, întorcând vasul de trei ori. Se amestecă ingredientele rămase, inclusiv ciupercile, și se toarnă peste pui. Acoperiți ca înainte și gătiți la Full timp de 14 minute. Lăsați să se odihnească 5 minute înainte de servire.

Aripi de pui aristocratice

pentru 4 persoane

O rețetă chinezească veche de secole, favorizată de elită și mâncată cu tăiței cu ou.

8 ciuperci chinezești uscate
6 cepe de primăvară (cepe), tocate grosier
15 ml/1 lingură ulei de arahide
2 lire/900 g aripioare de pui
8 oz/225 g lăstari de bambus tăiați în conservă
30 ml/2 linguri faina de porumb (amidon de porumb)
45 ml/3 linguri vin de orez chinezesc sau sherry semi-uscat
60 ml/4 linguri sos de soia
10 ml/2 lingurițe rădăcină de ghimbir proaspăt tocată mărunt

Înmuiați ciupercile în apă fierbinte timp de 30 de minute. Scurgeți și tăiați în sferturi. Puneti ceapa si uleiul intr-o farfurie adanca de 25 cm/10 in diametru. Gatiti, neacoperit, la plin timp de 3 minute. Se amestecă. Aranjați aripioarele de pui în farfurie, lăsând o mică gaură în centru. Acoperiți cu folie alimentară (folie de plastic) și tăiați de două ori pentru a permite aburului să iasă. Gătiți la plin timp de 12 minute, întorcând vasul de trei ori. Descoperi. Se acopera cu lastarii de bambus si cu lichidul din cutie si se intinde deasupra ciupercile. Amestecați ușor făina de porumb cu vinul de orez sau sherry. Adăugați ingredientele rămase. Se toarnă peste pui și legume. Acoperiți ca înainte și gătiți pe Full timp de 10 până la 12 minute până când lichidul clocotește.

chicken chow mein

pentru 4 persoane

½ *castravete, curatat de coaja si taiat cubulete*
275 *g/10 oz/2½ căni de pui gătit la rece, tăiat în cuburi mici*
1 *lb/450 g legume mixte proaspete pentru sot*
30 *ml/2 linguri sos de soia*
30 *ml/2 linguri sherry semi-uscat*
5 *ml/1 lingurita ulei de susan*
2,5 *ml/½ linguriță sare*
Taitei chinezesti fierti, pentru servire

Puneți castravetele și puiul într-un vas de 1,75 litri/3 pt/7½ cani. Se amestecă toate ingredientele rămase. Acoperiți cu o farfurie mare și gătiți la foc complet timp de 10 minute. Lăsați să se odihnească timp de 3 minute înainte de a servi cu tăiței chinezești.

Chicken Chop Suey

pentru 4 persoane

Pregătește-te ca și pui, dar înlocuiește tăițeii cu orez fiert cu bob lung.

Express chinezesc de pui marinat

3 portii

Gust autentic, dar cât se poate de rapid. Mănâncă cu orez sau tăiței chinezești și murături.

6 pulpe groase de pui, aproximativ 1½ lbs./750 g total
4 oz/125 g/1 cană boabe de porumb dulce, pe jumătate dezghețate dacă sunt congelate
1 praz tocat
60 ml/4 linguri de marinată chinezească cumpărată din magazin

Pune puiul într-un castron adânc și adaugă ingredientele rămase. Amesteca bine. Acoperiți și răciți timp de 4 ore. Elimina. Transferați pe o farfurie adâncă de 9cm/23cm diametru, aranjați puiul în jurul marginii. Acoperiți cu folie alimentară (folie de plastic) și tăiați de două ori pentru a permite aburului să iasă. Gătiți la plin timp de 16 minute, întorcând vasul de patru ori. Lăsați să se odihnească 5 minute înainte de servire.

Pui din Hong Kong cu amestec de legume și muguri de fasole

2-3 porții

4 ciuperci chinezești uscate
1 ceapa mare, tocata
1 morcov, ras
15 ml/1 lingură ulei de arahide
2 catei de usturoi, macinati
8 oz/2 căni/225 g pui gătit, tăiat fâșii
10 oz/275 g muguri de fasole
15 ml/1 lingura sos de soia
1,5 ml/¼ linguriță ulei de susan
Un praf bun de piper cayenne
2,5 ml/½ linguriță sare
Orez fiert sau tăiței chinezești, pentru servire

Înmuiați ciupercile în apă fierbinte timp de 30 de minute. Scurgeți și tăiați fâșii. Puneți ceapa, morcovul și uleiul într-o tigaie de 1,75 litri/3 pt/7½ cani. Gatiti, neacoperit, la plin timp de 3 minute. Se amestecă cu ingredientele rămase. Acoperiți cu folie alimentară (folie de plastic) și tăiați de două ori pentru a permite aburului să iasă. Gătiți la plin timp de 5 minute, întorcând vasul de trei ori. Lăsați să se odihnească 5 minute înainte de a servi cu orez sau tăiței.

Pui cu sos Golden Dragon

pentru 4 persoane

4 bucăți mari de pui, de 225 g fiecare, fără piele
Făină simplă (toate scopuri)
1 ceapa mica, tocata
2 catei de usturoi, macinati
30 ml/2 linguri sos de soia
30 ml/2 linguri sherry semi-uscat
30 ml/2 linguri ulei de arahide (arahide)
60 ml/4 linguri suc de lamaie
60 ml/4 linguri zahăr brun moale
45 ml/3 linguri gem de caise (conserve) topita si cernuta
5 ml/1 lingurita coriandru macinat (coriandru)
3-4 picături de sos iute
Salată cu germeni de fasole și tăiței chinezești, pentru servire

Tăiați părțile groase ale bucăților de pui în mai multe locuri cu un cuțit ascuțit, pudrați cu făină și puneți într-o farfurie adâncă de 25cm/10cm diametru. Se amestecă bine ingredientele rămase. Se toarnă peste pui. Acoperiți vasul lejer cu hârtie de bucătărie și marinați la frigider timp de 4-5 ore, răsturnând rosturile de două ori. Puneți părțile tăiate în sus, apoi acoperiți vasul cu folie alimentară (folie de plastic) și tăiați de două ori pentru a permite aburului să iasă. Gătiți la plin timp de 22 de minute, întorcând vasul de patru ori. Serviți pe un pat de tăiței și acoperiți cu sucul din vas.

Aripioare de pui cu ghimbir cu salată verde

4-5 porții

1 salata verde cos (romaine) mare, tocata
2,5 cm / 1 bucată rădăcină de ghimbir, feliată subțire
2 catei de usturoi, macinati
15 ml/1 lingură ulei de arahide
300 ml/½ pt/1¼ cani bulion de pui clocotit
30 ml/2 linguri faina de porumb (amidon de porumb)
2,5 ml/½ linguriță pudră cu cinci condimente
60 ml/4 linguri apă rece
5 ml/1 lingurita sos de soia
5 ml/1 lingurita sare
2¼ lbs/1 kg aripioare de pui
Orez fiert sau tăiței chinezești, pentru servire

Puneti salata verde, ghimbirul, usturoiul si uleiul intr-o cratita destul de mare (cuptor olandez). Acoperiți cu o farfurie și gătiți la Full timp de 5 minute. Descoperiți și adăugați bulionul clocotit. Amestecați ușor făina de porumb și pudra cu cinci condimente cu apa rece. Adăugați sos de soia și sare. Se amestecă în amestecul de salată verde cu aripioarele de pui, amestecând ușor până se combină bine. Acoperiți cu folie alimentară (folie de plastic) și tăiați de două ori pentru a permite aburului să iasă. Gătiți la plin timp de 20 de minute, întorcând vasul de patru ori. Lăsați să se odihnească 5 minute înainte de a servi cu orez sau tăiței.

Pui de cocos Bangkok

pentru 4 persoane

Articolul autentic, realizat în bucătăria mea de un tânăr prieten thailandez.

4 piept de pui parțial dezosat, 6 oz/175 g fiecare
200 ml/7 fl oz/mică 1 cană cremă de nucă de cocos
Suc de 1 lime
30 ml/2 linguri apă rece
2 catei de usturoi, macinati
5 ml/1 lingurita sare
1 tulpină de iarbă de lămâie, tăiată în jumătate pe lungime, sau 6 frunze de melisa
2 până la 6 ardei iute verzi sau 1,5 până la 2,5 ml/¼ până la ½ linguriță pudră de ardei iute roșu uscat
4–5 frunze proaspete de tei
20 ml/4 linguri coriandru tocat (coriandru)
¾ cană/6 oz/175 g orez cu bob lung fiert

Aranjați puiul pe marginea unei farfurii adânci de 8/20 cm diametru, lăsând o fântână în centru. Acoperiți cu folie alimentară (folie de plastic) și tăiați de două ori pentru a permite aburului să iasă. Gătiți complet timp de 6 minute, răsturnând vasul de două ori. Combinați crema de cocos, sucul de lime și apa, apoi adăugați usturoiul și sarea și turnați peste pui. Se presara peste frunze de lemongrass sau de melisa, ardei iute dupa gust si frunze de tei. Acoperiți ca înainte și gătiți la Full timp de 8 minute, întorcând farfuria de trei ori. Se lasa sa stea 5 minute. Descoperiți și adăugați coriandru, apoi serviți cu orezul.

satay de pui

8 servește ca aperitiv, 4 ca fel principal

Pentru marinata:
30 ml/2 linguri ulei de arahide (arahide)
30 ml/2 linguri sos de soia
1 cățel de usturoi, zdrobit
2 lbs/900 g piept de pui dezosat, tăiat cubulețe

Pentru sosul satay:
10 ml/2 lingurițe ulei de arahide
1 ceapa tocata
2 ardei iute verzi, fiecare de aproximativ 3/8 cm lungime, fără sămânță și tocați mărunt
2 catei de usturoi, macinati
150 ml/¼ pt/2/3 cană apă clocotită
60 ml/4 linguri unt de arahide crocant
10 ml/2 lingurițe oțet de vin
2,5 ml/½ linguriță sare

¾ cană/6 oz/175 g orez cu bob lung fiert (opțional)

Pentru a face marinada, combinați uleiul, sosul de soia și usturoiul într-un castron și adăugați puiul, amestecând bine pentru a se acoperi bine. Acoperiți și răciți timp de 4 ore iarna, 8 ore vara.

Pentru a face sosul, turnați uleiul într-o farfurie sau un bol mediu și adăugați ceapa, ardei iute și usturoi. Inainte de a completa sosul, infiletati cubuletele de pui pe opt frigarui unse cu unt. Aranjați, câte patru, pe o farfurie mare cât spițele unei roți. Gatiti, neacoperit, la plin timp de 5 minute, rasturnand o data. Repetați cu cele patru frigărui rămase. Stați cald. Pentru a termina sosul, acoperiți recipientul cu folie alimentară (folie de plastic) și deschideți-l de două ori pentru a lăsa aburul să iasă. Gatiti la plin timp de 2 minute. Adăugați apa clocotită, untul de arahide, oțetul și sarea. Gatiti, neacoperit, timp de 3 minute, amestecand o data. Se lasa sa se odihneasca 30 de secunde si se serveste, cu orezul daca este felul principal.

pui cu arahide

pentru 4 persoane

4 piept de pui dezosat, 6 oz/175 g fiecare
125 g/4 oz/½ cană unt de arahide neted
2,5 ml/½ linguriță de ghimbir măcinat
2,5 ml/½ linguriță sare de usturoi
10 ml/2 lingurițe pudră de curry ușor
sos hoisin chinezesc

Taitei chinezesti fierti, pentru servire

Aranjați puiul pe marginea unei farfurii adânci de 9/23 cm diametru, lăsând o fântână în centru. Puneți untul de arahide, ghimbirul, sarea de usturoi și praful de curry într-o farfurie mică și încălziți, neacoperit, la foc mare timp de 1 minut. Întindeți uniform peste pui, apoi ungeți ușor cu sos hoisin. Acoperiți cu folie alimentară (folie de plastic) și tăiați de două ori pentru a permite aburului să iasă. Gătiți la plin timp de 16 minute, întorcând vasul de patru ori. Lăsați să se odihnească 5 minute înainte de a servi cu tăiței chinezești.

Pui indian cu iaurt

pentru 4 persoane

Un curry necomplicat, rapid de preparat. Are un conținut scăzut de grăsimi, așa că este recomandat pentru pierderea în greutate, poate cu o parte de conopidă și o felie sau două de pâine cu semințe.

1½ lb/750 g pulpe de pui fără piele
150 ml/¼ pt/2/3 cană iaurt simplu
15 ml/1 lingura lapte
5 ml/1 lingurita garam masala
1,5 ml/¼ linguriță turmeric
5 ml/1 lingurita ghimbir macinat
5 ml/1 lingurita coriandru macinat (coriandru)
5 ml/1 lingurita chimen macinat
15 ml/1 lingura ulei de porumb sau floarea soarelui

45 ml/3 linguri apă fierbinte

60 ml/4 linguri coriandru tocat grosier, pentru a decora

Pune puiul într-o farfurie adâncă de 12/30 cm diametru. Bateți toate ingredientele rămase și puneți peste pui. Acoperiți și marinați la frigider timp de 6 până la 8 ore. Acoperiți cu o farfurie și încălziți la maxim 5 minute. Se amestecă puiul. Acoperiți vasul cu folie alimentară (folie de plastic) și tăiați-l de două ori pentru a lăsa aburul să iasă. Gătiți la plin timp de 15 minute, întorcând vasul de patru ori. Se lasa sa stea 5 minute. Descoperiți și stropiți cu coriandru tocat înainte de servire.

Pui japonez cu ouă

pentru 4 persoane

100 ml/3½ fl oz/6½ linguri supă fierbinte de pui sau de vită

60 ml/4 linguri sherry semi-uscat

30 ml/2 linguri sos teriyaki

15 ml/1 lingură zahăr brun moale

250 g/9 oz/1¼ cani de pui gătit, tăiat fâșii

4 ouă mari, bătute

¾ cană/6 oz/175 g orez cu bob lung fiert

Turnați bulionul, sherry și sosul teriyaki într-un vas adânc de 18 cm diametru. Adăugați zahărul. Acoperiți cu folie alimentară (folie de plastic) și tăiați de două ori pentru a permite aburului să iasă. Gatiti la plin timp de 5 minute. Descoperiți și amestecați. Se amestecă puiul și se toarnă ouăle deasupra. Gatiti, neacoperit, la plin timp de 6 minute, intorcand farfuria de trei ori. Pentru a servi, puneți orezul în patru boluri calde și acoperiți cu amestecul de pui și ouă.

Caserolă de pui portugheză

pentru 4 persoane

1 oz/25 g/2 linguri unt sau margarină sau 1½ linguri/25 ml ulei de măsline

2 cepe, tăiate în sferturi

2 catei de usturoi, macinati

4 fripturi de pui, 2 lbs/900g total

4 oz/125 g/1 cană șuncă fiartă, tăiată în cuburi mici

3 roșii, albite, decojite și tocate

150 ml/¼ pt/2/3 cană vin alb sec

10 ml/2 lingurițe muștar franțuzesc

7,5–10 ml/1½–2 linguriță sare

Puneți untul, margarina sau uleiul într-o cratiță cu diametrul de 8/20 cm (cuptor olandez). Se încălzește, neacoperit, la plin timp de 1 minut. Adăugați ceapa și usturoiul. Gatiti, neacoperit, la plin timp de 3 minute. Adăugați puiul. Acoperiți cu folie alimentară (folie de plastic) și tăiați de două ori pentru a permite aburului să iasă. Gătiți complet timp de 14 minute, răsturnând vasul de două ori. Se amestecă ingredientele rămase. Acoperiți ca înainte și gătiți la Full timp de 6 minute. Lăsați să se odihnească 5 minute înainte de servire.

Caserolă picant cu pui englezesc

pentru 4 persoane

Pregătiți ca pentru caserola de pui portugheză, dar înlocuiți vinul cu cidru uscat mediu și adăugați 5 nuci murate tăiate în sferturi cu celelalte ingrediente. Lăsați încă 1 minut timp de gătit.

Logodna Pui Tandoori

8 servește ca aperitiv, 4 ca fel principal

Un fel de mâncare indian făcut în mod tradițional într-un cuptor de lut sau tandoor, dar această versiune de cuptor cu microunde este total acceptabilă.

8 bucăți de pui, aproximativ 2¾ lbs./1,25 kg total
250 ml/8 fl oz/1 cană iaurt simplu în stil grecesc gros
30 ml/2 linguri amestec de condimente tandoori
10 ml/2 lingurite de coriandru macinat (coriandru)
5 ml/1 lingurita boia de ardei
5 ml/1 lingurita turmeric
30 ml/2 linguri suc de lamaie
2 catei de usturoi, macinati
7,5 ml/1½ linguriță sare
Pâine indiană și salată mixtă, pentru a însoți

Tăiați părțile cărnoase ale puiului în mai multe locuri. Bateți ușor iaurtul cu toate ingredientele rămase. Asezati puiul intr-o farfurie adanca de 10/25 cm diametru si acoperiti cu amestecul tandoori. Acoperiți lejer cu hârtie de bucătărie și marinați timp de 6 ore la frigider. Întoarceți, stropiți cu marinada și lăsați-l la rece pentru încă 3 până la 4 ore, acoperit ca înainte. Acoperiți cu folie alimentară (folie de plastic) și tăiați de două ori pentru a permite aburului să iasă. Gătiți la plin timp de 20 de minute, întorcând vasul de patru ori. Descoperiți farfuria și întoarceți puiul. Acoperiți din nou cu folie alimentară și gătiți încă 7 minute pe Full. Lăsați să se odihnească 5 minute înainte de servire.

Tort cu dovleac

8 portii

Pregătiți ca pentru prăjitura de morcovi, dar înlocuiți morcovii cu dovleac decojit, lăsând o bucată medie care ar trebui să producă aproximativ 6 oz/175 g de pulpă fără semințe. Înlocuiți zahărul brun închis la lumină și ienibaharul cu condimente amestecate (plăcintă cu mere).

tort scandinav cu cardamom

8 portii

Cardamomul este utilizat pe scară largă în coacerea scandinavă, iar această prăjitură este un exemplu tipic de exotism al emisferei nordice. Încercați magazinul local de alimente etnice dacă întâmpinați dificultăți pentru a obține cardamom măcinat.

Pentru tort:

1½ căni/6 oz/175 g făină auto-crescătoare
2,5 ml/½ linguriță praf de copt
75 g/3 oz/2/3 cană unt sau margarină, la temperatura bucătăriei
3 oz/75 g/2/3 cană zahăr brun moale
10 ml/2 lingurițe cardamom măcinat
1 ou
lapte rece

Pentru acoperire:

30ml/2 linguri migdale fulgi (taiate), prajite
30 ml/2 linguri zahăr brun moale
5 ml/1 lingurita scortisoara macinata

Acoperiți o farfurie adâncă de 16,5 cm/6½ diametru cu folie alimentară (folie de plastic) și lăsați-o să atârne puțin peste margine. Cerneți făina și praful de copt într-un castron și amestecați subțire untul sau margarina. Adăugați zahărul și cardamomul. Bateți oul într-un vas de măsurat și aduceți până la 150 ml/¼ pt/2/3 cană cu lapte.

Adăugați ingredientele uscate cu o furculiță până se omogenizează bine, dar evitați să bateți. Se toarnă în vasul pregătit. Combinați ingredientele pentru topping și presărați peste tort. Acoperiți cu folie alimentară și tăiați de două ori, astfel încât să iasă aburul. Gătiți complet timp de 4 minute, răsturnând de două ori. Lăsați să se odihnească 10 minute, apoi transferați cu grijă pe un suport în care ține folie alimentară. Scoateți cu grijă folia alimentară când prăjitura este rece.

paine de ceai cu fructe

Face 8 felii

8 oz/1 1/3 cesti/225 g amestec de fructe uscate (amestec de prajitura cu fructe)

100 g/3½ oz/½ cană zahăr brun închis, moale

30 ml/2 linguri ceai negru tare rece

100 g/4 oz/1 cană făină integrală de grâu auto-crescătoare

5 ml/1 linguriță ienibahar măcinat

1 ou, la temperatura de bucatarie, batut

8 migdale întregi, albite

30 ml/2 linguri sirop auriu (porumb uşor)

Unt, pentru uns

Acoperiți strâns partea inferioară și laterală a unui vas de sufleu cu diametrul de 6 inchi/15 cm cu folie alimentară (folie de plastic), permițându-i să atârne ușor peste lateral. Puneți fructele, zahărul și ceaiul într-un castron, acoperiți cu o farfurie și gătiți la maxim 5 minute. Adăugați făina, ienibaharul și oul cu o furculiță, apoi transferați în vasul pregătit. Aranjați migdalele deasupra. Acoperiți lejer cu hârtie de bucătărie și gătiți pe Decongelare timp de 8 până la 9 minute până când prăjitura este bine ridicată și începe să se micșoreze de pe părțile laterale ale farfuriei. Se lasa sa se odihneasca 10 minute, apoi se transfera pe un suport in care tine folie alimentara. Se încălzește siropul în cană la Dezghețare timp de 1½ minute. Scoateți folia alimentară de pe tort și ungeți blatul cu sirop cald.

Tort sandviș Victoria

8 portii

1½ căni/6 oz/175 g făină auto-crescătoare
¾ cană/6 oz/175 g unt sau margarină, la temperatura bucătăriei
6 oz/175 g/¾ cană de zahăr pudră (superfin)
3 ouă, la temperatura bucătăriei
45 ml/3 linguri lapte rece
45 ml/3 linguri gem (conserve)
120 ml/4 fl oz/½ cană smântână dublă (grea) sau frișcă, bătută
Zahăr pudră, cernut, pentru pudrat

Acoperiți fundul și părțile laterale a două vase de mică adâncime cu diametrul de 20 cm/8 inci cu folie alimentară (folie de plastic), lăsând-o să atârne puțin peste margine. Cerneți făina într-o farfurie. Bateți untul sau margarina și zahărul până când amestecul devine ușor și pufos și de consistența frișcă. Bateți ouăle pe rând, adăugând 15 ml/1 lingură de făină cu fiecare. Adăugați restul de făină alternativ cu laptele cu o lingură mare de metal. Întindeți uniform pe felurile de mâncare pregătite. Acoperiți lejer cu hârtie de bucătărie. Gătiți unul câte unul la Full timp de 4 minute. Lăsați să se răcească până se încălzește, apoi răsturnați pe un grătar. Desprindeți folia transparentă și lăsați până se răcește complet.

Tort cu nuci

8 portii

1½ căni/6 oz/175 g făină auto-crescătoare
¾ cană/6 oz/175 g unt sau margarină, la temperatura bucătăriei
5 ml/1 lingurita esenta de vanilie (extract)
6 oz/175 g/¾ cană de zahăr pudră (superfin)
3 ouă, la temperatura bucătăriei
2 oz/50 g/½ cană nuci, tocate mărunt
45 ml/3 linguri lapte rece
2 cantități de glazură cu cremă de unt
16 jumătăți de nucă, pentru a decora

Acoperiți fundul și părțile laterale a două vase de mică adâncime cu diametrul de 20 cm/8 inci cu folie alimentară (folie de plastic), lăsându-o să atârne puțin peste margine. Cerneți făina într-o farfurie. Bateți untul sau margarina, esența de vanilie și zahărul până când devine ușor și pufos și obține consistența de frișcă. Bateți ouăle pe rând, adăugând 15 ml/1 lingură de făină cu fiecare. Cu o lingura mare de metal, incorporam nucile cu restul de faina alternand cu laptele. Întindeți uniform pe felurile de mâncare pregătite. Acoperiți lejer cu hârtie de bucătărie. Gătiți unul câte unul la Full timp de 4½ minute. Lăsați să se răcească până se încălzește, apoi răsturnați pe un grătar. Desprindeți folia transparentă și lăsați până se răcește complet.

Prajitura de roscovi

8 portii

Pregătiți ca pentru plăcinta de sandviș Victoria, dar înlocuiți 1 oz/¼ cană/25 g făină de porumb (amidon de porumb) și ¼ cană/25 g/1 oz pudră de roscove cu ½ cană/2 oz/50 g de făină. Sandwich împreună cu smântână și/sau conserve sau fructe proaspete. Adăugați 1 linguriță/5ml de esență (extract) de vanilie la ingredientele cremei, dacă doriți.

prajitura usoara de ciocolata

8 portii

Pregătiți ca pentru Victoria Sandwich Pie, dar înlocuiți 1 oz/¼ cană/25 g făină de porumb (amidon de porumb) și 1 oz/¼ cană/25 g cacao (ciocolată neîndulcită) cu 50 g/ 2 oz/½ cană făină. Sandwich impreuna cu crema si/sau crema de ciocolata.

Tort cu migdale

8 portii

Pregătiți ca pentru prăjitura sandvișului Victoria, dar înlocuiți aceeași cantitate de făină cu 40 g/1½ oz/3 linguri de migdale măcinate. Condimentează ingredientele cremei cu 2,5–5 ml/½–1 linguriță esență de migdale (extract). Sandwich împreună cu dulceață moale de caise (conserve) și o rotundă subțire de marțipan (pastă de migdale).

Sandwich Victoria Gateau

8 portii

Pregătește-l ca Victoria Sandwich Cake sau oricare dintre variante. Sandwich împreună cu smântână sau Butter Cream Glazură (glazură) și/sau gem (conserve), cremă de ciocolată, unt de arahide, cheaș de portocale sau de lămâie, marmeladă de portocale, umplutură de fructe conservate, miere sau marțipan (pastă de migdale). Acoperiți partea de sus și părțile laterale cu cremă sau glazură de unt. Decorați cu fructe proaspete sau conservate, nuci sau drajeuri. Pentru un tort și mai bogat, împărțiți fiecare strat copt în jumătate pentru un total de patru straturi înainte de a umple.

prăjitură de ceai de pepinieră

Face 6 felii

75 g/3 oz/2/3 cană zahăr pudră (superfin)
3 ouă, la temperatura bucătăriei
¾ cană/3 oz/75 g făină simplă (universală).
90ml/6 linguri smântână dublă (grea) sau frișcă, bătută
45 ml/3 linguri gem (conserve)
Zahăr pudră (superfin), pentru pudrat

Acoperiți fundul și părțile laterale ale unui vas de sufleu cu diametrul de 7 inchi/18 cm cu folie alimentară (folie de plastic), lăsându-l să atârne foarte ușor peste margine. Puneti zaharul intr-un bol si incalziti, neacoperit, la Decongelare timp de 30 de secunde. Adăugați ouăle și bateți până când amestecul devine spumos și se îngroașă până la consistența de frișcă. Tăiați ușor și ușor și încorporați făina cu o lingură de metal. Nu bateți și nu amestecați. Când ingredientele sunt bine combinate, transferați în vasul pregătit. Acoperiți lejer cu hârtie de bucătărie și gătiți pe Full timp de 4 minute. Se lasa sa se odihneasca 10 minute, apoi se transfera pe un suport in care tine folie alimentara. Când se răcește, îndepărtați folia alimentară. Tăiați în jumătate și sandwich împreună cu smântâna și dulceața.

Tort cu lamaie

Face 6 felii

Pregătiți ca și pentru prăjitura de ceai pentru copii, dar adăugați 10 ml/2 lingurițe de coajă de lămâie rasă mărunt în amestecul încălzit ou-zahăr imediat înainte de a adăuga făina. Sandwich împreună cu lemon curd și smântână groasă.

tort cu portocale

Face 6 felii

Pregătiți ca pentru prăjitura de ceai pentru copii, dar adăugați 10 ml/2 lingurițe de coajă de portocală rasă fin la amestecul încălzit ou-zahăr imediat înainte de a adăuga făina. Sandwich împreună cu cremă de ciocolată și smântână groasă.

tort espresso

8 portii

250 g/8 oz/2 căni de făină auto-crescătoare
15 ml/1 lingura/2 plicuri pudra espresso instant
125 g/4 oz/½ cană unt sau margarină
125 g/4 oz/½ cană de zahăr brun închis moale
2 ouă, la temperatura bucătăriei
75 ml/5 linguri lapte rece

Acoperiți fundul și partea laterală a unui vas de sufleu cu diametrul de 7 inchi/18 cm cu folie alimentară (folie de plastic), lăsând-o să atârne foarte ușor peste margine. Cerneți făina și praful de cafea într-un castron și frecați cu untul sau margarina. Adăugați zahărul. Batem bine ouale si laptele, apoi amestecam uniform cu ingredientele uscate cu o furculita. Se toarnă în vasul pregătit și se acoperă lejer cu hârtie de bucătărie. Gătiți complet timp de 6½-7 minute până când prăjitura este bine ridicată și abia începe să se micșoreze pe marginea plăcii. Se lasa sa stea 10 minute. Deplasați-vă pe o grilă care ține filmul transparent. Când se răcește complet, îndepărtați folia alimentară și depozitați tortul într-un recipient ermetic.

Tort espresso cu inghetata de portocale

8 portii

Faceți tortul espresso. Cu aproximativ 2 ore înainte de servire, faceți o glazură groasă (glazură) amestecând 175 g/6 oz/1 cană de zahăr de cofetă (glazură) cu suficient suc de portocale pentru a forma o glazură ca o pastă. Se intinde deasupra prajiturii, apoi se decoreaza cu ciocolata rasa, nuci tocate, sute si mii etc.

Plăcintă cu cremă espresso

8 portii

Faceți Tortul Espresso și tăiați-l în două straturi. Bateți 300ml/½ pt/1¼ cani de smântână dublă (grea) cu 60ml/4 linguri de lapte rece până se îngroașă. Îndulciți cu 45 ml/3 linguri de zahăr tos (superfin) și asezonați după gust cu pudră espresso. Folosiți puțin pentru a lega straturile împreună, apoi întindeți restul într-un strat gros peste partea superioară și laterală a tortului. Ungeți blatul cu alune.

Torturi cu stafide

acum 12

4 oz/125 g/1 cană făină auto-crescătoare
2 oz/50 g/¼ cană unt sau margarină
2 oz/50 g/¼ cană de zahăr pudră (superfin)
30 ml/2 linguri stafide
1 ou
30 ml/2 linguri lapte rece
2,5 ml/½ linguriță esență de vanilie (extract)
Zahăr pudră, pentru pudrat

Cerneți făina într-un bol și amestecați fin untul sau margarina. Adăugați zahărul și stafidele. Bateți oul cu laptele și esența de vanilie și amestecați-l cu ingredientele uscate cu o furculiță, amestecând până obțineți un aluat omogen, fără a bate. Împărțiți în 12 forme de prăjitură (hârtii pentru brioșe) și puneți câte șase pe un platou rotativ pentru cuptorul cu microunde. Acoperiți lejer cu hârtie de bucătărie. Gatiti la plin timp de 2 minute. Transferați pe un grătar pentru a se răci. Presărați cu zahăr pudră cernut când este rece. Depozitați într-un recipient etanș.

Prajituri cu nuca de cocos

acum 12

Pregătiți ca pentru prăjiturile cu stafide, dar înlocuiți stafidele cu 1½/25 ml nucă de cocos deshidratată (mărunțită) și creșteți laptele la 1½/25 ml.

Prajituri cu ciocolata

acum 12

Pregătiți ca pentru cupcakes cu stafide, dar înlocuiți stafide cu 30 ml/2 linguri de fulgi de ciocolată.

Tort cu mirodenii cu banane

8 portii

3 pătlagini mari coapte
¾ cană/6 oz/175 g amestecat de margarină şi shortening alb pentru gătit, la temperatura bucătăriei
6 oz/175 g/¾ cană de zahăr brun închis moale
10 ml/2 linguriţe praf de copt
5 ml/1 linguriţă ienibahar măcinat
8 oz/2 căni de făină integrală de malţ de grâu, cum ar fi grânar
1 ou mare, bătut
15 ml/1 lingură nuci pecan tocate
100 g/4 oz/2/3 cană curmale tocate

Acoperiţi strâns partea inferioară şi laterală a unui vas de sufleu cu diametrul de 8 inchi/20 cm cu folie alimentară (folie de plastic), lăsându-l să atârne foarte uşor peste margine. Se curăţă bananele şi se pasează bine într-un castron. Bateţi ambele grăsimi. Se amestecă zahărul. Se amestecă praful de copt şi ienibaharul în făină. Adăugaţi amestecul de banane cu oul, nucile şi curmalele cu o furculiţă. Se intinde usor in vasul pregatit. Acoperiţi lejer cu hârtie de bucătărie şi gătiţi pe Full timp de 11 minute, întorcând farfuria de trei ori. Se lasa sa stea 10 minute. Deplasaţi-vă pe o grilă care ţine filmul transparent. Lasati sa se raceasca complet, apoi indepartati folia alimentara si depozitati prajitura intr-un recipient ermetic.

Tort cu condimente cu banane cu glazură de ananas

8 portii

Faceți tortul cu mirodenii cu banane. Aproximativ 2 ore înainte de servire, acoperiți tortul cu o glazură groasă (glazură) făcută cernând 175g/6oz/1 cană de zahăr pudră într-un castron și amestecând până la o glazură ca o pastă cu câteva picături de suc de ananas. Când se fixează, se decorează cu chipsuri de pătlagină deshidratate.

glazură cu cremă de unt

Produce 8 oz/1 cană/225 g

3 oz/75 g/1/3 cană unt, la temperatura bucătăriei
6 oz/175 g/1 cană de zahăr pudră, cernut
10 ml/2 lingurite lapte rece
5 ml/1 lingurita esenta de vanilie (extract)
Zahăr pudră (glazură), pentru pudrat (opțional)

Bateți untul până la lumină, apoi bateți treptat zahărul până când este ușor, pufos și își dublează volumul. Amestecați laptele și esența de vanilie și bateți glazura (glața) până la omogenizare și grosime.

glazură de ciocolată

Produce 12 oz/350 g/1½ cani

Un glazur (glazură) în stil american, care este util pentru acoperirea oricărui tort simplu.

30 ml/2 linguri de unt sau margarină
60 ml/4 linguri de lapte
30 ml/2 linguri pudră de cacao (ciocolată neîndulcită).
5 ml/1 lingurita esenta de vanilie (extract)
10 oz/300 g/12/3 căni de zahăr pudră, cernut

Intr-un bol punem untul sau margarina, laptele, cacao si esenta de vanilie. Gatiti, neacoperit, pe Decongelare timp de 4 minute, pana cand se topeste fierbinte si grasimea. Bateți zahărul pudră cernut până când glazura este netedă și destul de groasă. Folosește-l imediat.

Fructe Health Wedges

acum 8

3½ oz/100 g inele de mere uscate
¾ cană/3 oz/75 g făină integrală de grâu auto-crescătoare
3 oz/75 g/¾ cană de ovăz
75 g/3 oz/2/3 cană margarină
3 oz/75 g/2/3 cană de zahăr brun închis moale
6 prune uscate din California, tocate

Înmuiați inelele de mere în apă peste noapte. Acoperiți strâns partea inferioară și laterală a unui vas cu diametrul de 7 inchi/18 cm cu folie alimentară (folie de plastic), lăsând-o să atârne foarte ușor peste margine. Puneți făina și ovăzul într-un castron, adăugați margarina și frecați fin cu vârful degetelor. Se amestecă zahărul pentru a face un amestec sfărâmicios. Întindeți jumătate pe baza vasului pregătit. Scurgeți și tocați rondelele de mere. Apăsați ușor prunele în amestecul de ovăz. Presărați uniform restul de amestec de ovăz deasupra. Gatiti, neacoperit, la plin timp de 5½-6 minute. Se lasa sa se raceasca complet pe farfurie. Ridicați în timp ce țineți folia alimentară, apoi îndepărtați folia alimentară și tăiați-le în felii. Depozitați într-un recipient etanș.

Fruct Health Wedges cu caise

acum 8

Pregătește-te ca și pentru piese de sănătate cu fructe, dar inlocuiti prunele uscate cu 6 caise uscate, bine spalate.

Pâine scurtă

Face 12 felii

8 oz/225 g/1 cană unt nesărat (dulce), la temperatura bucătăriei
125 g/4 oz/½ cană de zahăr de cofetarie (superfin), plus suplimentar pentru pudrat
12 oz/350 g/3 căni de făină simplă (universală).

Ungeți și căptușiți o farfurie adâncă de 20 cm/8 inchi cu baza. Cremă untul și zahărul până devine ușor și pufos, apoi amestecați făina până la omogenizare și omogenizare. Se intinde usor pe farfuria pregatita si se intepa totul cu o furculita. Gatiti, neacoperit, la Dezghetare timp de 20 de minute. Scoateți din cuptorul cu microunde și pudrați cu 15 ml/1 lingură de zahăr pudră. Tăiați-o în 12 felii când este încă puțin caldă. Transferați cu grijă pe un grătar și lăsați să se răcească complet. Depozitați într-un recipient etanș.

Fursecuri extra crocante

Face 12 felii

Pregătiți ca pentru paine scurte, dar înlocuiți 1 oz/25 g/¼ cană gris (cremă de grâu) cu 1 oz/25 g/¼ cană făină.

pâine dulce extra moale

Face 12 felii

Pregătiți ca pentru paine scurte, dar înlocuiți 1 oz/25 g/¼ cană făină cu 1 oz/¼ cană făină.

pâine dulce condimentată

Face 12 felii

Pregătiți ca pentru paine scurte, dar cerneți 10 ml/2 linguri de condimente amestecate (plăcintă cu mere) cu făina.

Pâine scurtă în stil olandez

Face 12 felii

Pregătiți ca pentru paine scurte, dar înlocuiți făina simplă cu făina auto-crescătoare și cernați 10 ml/2 lingurițe de scorțișoară măcinată în făină. Înainte de a găti, ungeți blatul cu 15–30 ml/1–2 linguri de smântână, apoi presați ușor migdalele ușor prăjite fulgi (tăiate felii).

bile de scortisoara

acum 20

O specialitate a Festivalului de Paşte, o încrucişare între un biscuit (biscuit) şi o prăjitură, care pare să funcţioneze mai bine la cuptorul cu microunde decât atunci când este copt convenţional.

2 albusuri mari
125 g/4 oz/½ cană zahăr pudră (superfin)
30 ml/2 linguri scorţişoară măcinată
8 oz/225 g/2 căni de migdale măcinate
Zahar cernut (de cofetarie).

Albusurile se bat spuma pana incep sa faca spuma, apoi se adauga zaharul, scortisoara si migdalele. Cu mâinile ude, rulaţi în 20 de bile. Aranjaţi în două inele, unul chiar în interiorul celuilalt, în jurul marginii unui platou mare. Gatiti, neacoperit, la plin timp de 8 minute, intorcând farfuria de patru ori. Lăsaţi să se răcească să se încălzească, apoi rulaţi în zahăr pudră până când fiecare este acoperit puternic. Se lasa sa se raceasca complet si se pastreaza intr-un recipient ermetic.

Frigarui de rachiu auriu

acum 14

Destul de greu de făcut în mod convențional, acestea funcționează ca un vis în cuptorul cu microunde.

50 g/2 oz/¼ cană unt
1/6 cană/2 oz/50 g sirop de aur (porumb ușor)
1½ oz/40 g/3 linguri de zahăr granulat auriu
1½ oz/40 g/1½ linguri făină integrală de grâu, cum ar fi grânar
2,5 ml/½ linguriță de ghimbir măcinat
150 ml/¼ pt/2/3 cană smântână dublă (grea) sau frișcă, bătută

Pune untul pe o farfurie și topește, neacoperit, la Dezghețare timp de 2-2½ minute. Se adauga siropul si zaharul si se amesteca bine. Gatiti, neacoperit, la plin timp de 1 minut. Adăugați făină și ghimbir. Așezați patru lingurițe de 1 linguriță/5ml din amestec, foarte bine separate, direct pe placa turnantă din plastic sau sticlă pentru microunde. Gătiți complet timp de 1½–1¾ minute până când chipsurile de coniac încep să se rumenească și să arate ca dantelă deasupra. Scoateți cu grijă placa turnantă din cuptorul cu microunde și lăsați fursecurile să se odihnească timp de 5 minute. Scoateți fiecare pe rând cu ajutorul unei spatule. Rulați mânerul unei linguri mari de lemn. Apăsați articulațiile cu vârful degetelor și glisați până la capătul bolului lingurii. Repetați cu restul de trei fursecuri. Când sunt gata, scoateți-le de pe mâner și transferați-le pe un suport de răcire. Repetați până se epuizează amestecul rămas. Păstrați într-o cutie ermetică. Înainte de a mânca, turnați smântână groasă pe ambele capete ale fiecărui coniac și mâncați-l în aceeași zi, când se înmoaie în picioare.

Snaps de coniac de ciocolată

acum 14

Pregătiți ca pentru Golden Brandy Snaps. Înainte de a umple cu smântână, aranjați-o pe o foaie de copt și ungeți suprafața superioară cu ciocolată neagră sau albă topită. Lasam sa stea, apoi adaugam crema.

chifle

acum vreo 8 ani

O încrucișare între un scone și un scone, acestea sunt excepțional de ușoare și sunt un deliciu de mâncat încă cald, uns cu unt și o alegere de dulceață (conserve) sau miere de erică.

8 oz/2 cesti/225 g faina integrala de grau
5 ml/1 lingurita crema de tartru
5 ml/1 lingurita bicarbonat de sodiu (bicarbonat de sodiu)
1,5 ml/¼ linguriță sare
20 ml/4 lingurițe de zahăr pudră (superfin).
1 oz/25 g/2 linguri de unt sau margarină
150 ml/¼ pt/2/3 cană zară, sau înlocuiți un amestec de jumătate de iaurt simplu și jumătate de lapte degresat, dacă nu este disponibil
Ou bătut, pentru periaj
5 ml/1 lingurita de zahar in plus amestecat cu 2,5 ml/½ lingurita de scortisoara macinata, pentru pudrat

Cerneți făina, crema de tartru, bicarbonatul de sodiu și sarea într-un castron. Adăugați zahăr și frecați fin unt sau margarină. Adăugați zara (sau înlocuitorul) și amestecați cu o furculiță pentru a forma un aluat destul de neted. Se rastoarna pe o suprafata tapata cu faina si se framanta rapid si usor pana se omogenizeaza. Distribuiți cu niște plăci de 1½ cm/1cm grosime, apoi tăiați în cercuri cu o tăietură pentru prăjituri de 2 inchi/5 cm. Rulați din nou butașii și continuați să tăiați în rondele. Așezați în jurul marginii unei farfurii plate cu unt de 25 cm/10 inchi. Ungeți cu ou și stropiți cu amestecul de zahăr și scorțișoară. Gatiti, neacoperit, la plin timp de 4 minute, intorcând farfuria de patru ori. Se lasa sa se odihneasca 4 minute, apoi se transfera pe un gratar. Mănâncă cât este încă fierbinte.

Chifle cu Stafide

acum vreo 8 ani

Pregătiți ca pentru Chiflele, dar adăugați 15 ml/1 lingură de stafide împreună cu zahărul.

pâini

Orice lichid folosit în pâinea cu dospit trebuie să fie călduț, nici cald, nici rece. Cel mai bun mod de a atinge temperatura corectă este să amesteci jumătate de lichid clocotit cu jumătate de lichid rece. Dacă încă se simte fierbinte când înmuiați al doilea deget al degetului mic în el, răciți-l puțin înainte de al folosi. Lichidul prea fierbinte este mai mult o problemă decât lichidul prea rece, deoarece poate ucide drojdia și poate împiedica creșterea pâinii.

Aluat de bază de pâine albă

face 1 pâine

Un aluat de pâine rapid pentru cei cărora le place să coace, dar au scurt timp.

1 lb/4 căni/450 g făină obișnuită tare (pâine)
5 ml/1 lingurita sare
1 plic drojdie uscată ușor de amestecat
30 ml/2 linguri unt, margarina, shortening alb pentru gatit (scurt vegetal) sau untura
300 ml/½ pt/1¼ cană apă caldă

Cerneți făina și sarea într-un castron. Se încălzește, neacoperit, în dezghețare timp de 1 minut. Adăugați drojdia și frecați grăsimea. Amestecă până obții un aluat cu apa. Frământați pe o suprafață înfăinată până când este netedă, elastică și nu mai este lipicioasă. Reveniți în vasul curat și uscat, dar acum ușor uleiat. Acoperiți vasul, nu aluatul, cu folie alimentară (folie de plastic) și tăiați-l de două ori pentru a lăsa aburul să iasă. Se încălzește la Dezghețare timp de 1 minut. Odihnește-te la cuptorul cu microunde timp de 5 minute. Repetați de trei sau patru ori până când aluatul și-a dublat volumul.

Re-frământați rapid, apoi utilizați ca în rețetele convenționale sau rețetele pentru microunde de mai jos.

Aluat de bază de pâine integrală

face 1 pâine

Urmați rețeta pentru aluatul de pâine albă de bază, dar în loc de făină de pâine tare (obișnuită), utilizați una dintre următoarele:
- jumătate albă și jumătate făină integrală de grâu
- toata faina integrala
- jumătate din grâu integral malț și jumătate făină albă
-

Aluat de bază de pâine cu lapte

face 1 pâine

Urmați rețeta de bază aluat de pâine albă, dar în loc de apă folosiți una dintre următoarele:
- tot laptele degresat
- jumătate lapte integral și jumătate apă

felie de pâine

face 1 pâine

O pâine palidă, cu crustă moale, consumată mai mult în nordul Marii Britanii decât în sud.

Pregătiți aluatul de bază de pâine albă, aluatul de bază de pâine integrală sau aluatul de bază de pâine cu lapte. Se framanta rapid si usor dupa prima crestere, apoi se modeleaza rotund de aproximativ 5 cm/2 grosime. Așezați pe o farfurie rotundă unsă și unsă cu făină. Se acoperă cu hârtie de bucătărie și se încălzește la Decongelare timp de 1 minut. Se lasa sa stea 4 minute. Repetați de trei sau patru ori până când aluatul și-a dublat volumul. Pudrați cu făină albă sau maro. Gatiti, neacoperit, la plin timp de 4 minute. Se lasa sa se raceasca pe un gratar.

rulouri

acum 16

Pregătiți aluatul de bază de pâine albă, aluatul de bază de pâine integrală sau aluatul de bază de pâine cu lapte. Frământați rapid și ușor după prima creștere, apoi împărțiți în mod egal în 16 părți. Formați rondele plate. Aranjați opt rulouri în jurul marginii fiecăreia dintre cele două farfurii unse și unse cu făină. Acoperiți cu hârtie de bucătărie și gătiți, câte o farfurie, la Dezghețare timp de 1 minut, apoi odihniți-vă timp de 4 minute și repetați de trei până la patru ori până când rulourile și-au dublat volumul. Pudrați cu făină albă sau maro. Gatiti, neacoperit, la plin timp de 4 minute. Se lasa sa se raceasca pe un gratar.

chifle de hamburger

acum 12

Pregătește-te ca și pentru Bap Rolls, dar împarte aluatul în 12 bucăți în loc de 16. Pune șase chifle pe marginea fiecăreia dintre cele două farfurii și gătește conform instrucțiunilor.

chifle dulci cu fructe

acum 16

Pregătiți ca pentru Bap Rolls, dar adăugați 60 ml/4 linguri de stafide și 30 ml/2 linguri de zahăr pudră (superfin) la ingredientele uscate înainte de a amesteca în lichid.

Cornish Splits

acum 16

Pregătiți ca pentru Bap Rolls, dar nu pudrați blatul cu făină înainte de a găti. Tăiați în jumătate când se răcește și umpleți cu smântână groasă sau smântână și gem de căpșuni sau zmeură (se păstrează). Pudrați blaturile cu mult zahăr pudră cernut. Mănâncă în aceeași zi.

rulouri de lux

acum 16

Pregătiți aluatul de bază de pâine albă, aluatul de bază de pâine integrală sau aluatul de bază de pâine cu lapte. Frământați rapid și ușor după prima creștere, apoi împărțiți în mod egal în 16 părți. Formați patru bucăți în rulouri rotunde și tăiați o fantă în partea de sus a fiecăreia. Rulați patru bucăți în sfoară, fiecare cu lungimea de 20 cm/8 inchi și faceți un nod. Modelați patru bucăți în pâini Viena mici și faceți trei tăieturi în diagonală deasupra fiecăreia. Împărțiți fiecare dintre cele patru bucăți rămase în trei, rulați în funii înguste și împletiți. Aranjați toate rulourile pe o tavă unsă și unsă cu făină și lăsați la foc până își dublează dimensiunea. Ungeți partea de sus cu spălare de ouă și coaceți convențional la 230°C/450°F/nivel de gaz 8 timp de 15 până la 20 de minute. Scoateți din cuptor și transferați rulourile pe un grătar. A se păstra într-un recipient etanș când este rece.

rulouri cu toppinguri

acum 16

Pregătiți ca pentru Fancy Rolls. După ce ungeți blatul chiflelor cu ou, stropiți cu oricare dintre următoarele: mac, susan prăjit, semințe de fenicul, terci, grâu spart, brânză tare rasă, sare de mare grunjoasă, săruri asezonate cu aromă.

pâine cu semințe de chimen

face 1 pâine

Pregătiți aluatul de bază de pâine integrală, adăugând 10-15 ml/2-3 lingurițe de semințe de chimen la ingredientele uscate înainte de a amesteca în lichid. Se framanta usor dupa prima crestere, apoi se formeaza o bila. Se pune într-un vas rotund uns cu ¾ bucăți/450 ml/¾ bucăți/2 cani. Se acoperă cu hârtie de bucătărie și se încălzește la Decongelare timp de 1 minut. Se lasa sa stea 4 minute. Repetați de trei sau patru ori până când aluatul și-a dublat volumul. Ungeți cu ou bătut și stropiți cu sare grunjoasă și/sau semințe suplimentare de chimen. Acoperiți cu hârtie de bucătărie și gătiți la Full timp de 5 minute, întorcând farfuria o dată. Gatiti la Full timp de inca 2 minute. Se lasa sa se odihneasca 15 minute si apoi se intoarce cu grija pe un gratar.

pâine de secara

face 1 pâine

Formați aluatul de bază de pâine integrală, folosind jumătate de făină de grâu integral și jumătate de secară. Coaceți ca pentru Bap Loaf.

pâine cu ulei

face 1 pâine

Pregătiți aluat de bază de pâine albă sau aluat de bază de pâine integrală, dar înlocuiți celelalte grăsimi cu ulei de măsline, de nucă sau de alune. Dacă aluatul rămâne pe partea lipicioasă, se mai lucrează cu puțină făină. Gătește ca pentru Bap Loaf.

pâine italiană

face 1 pâine

Pregătiți aluatul de pâine albă de bază, dar înlocuiți uleiul de măsline cu celelalte grăsimi și adăugați 15 ml/1 lingură pesto roșu și 10 ml/2 lingurițe piure de roșii uscate (pastă) la ingredientele uscate înainte de a amesteca în lichid. Gătiți ca și pentru Bap Loaf, permițând încă 30 de secunde.

pâine spaniolă

face 1 pâine

Pregătiți Aluatul de Pâine albă de bază, dar înlocuiți restul grăsimilor cu ulei de măsline și adăugați la ingredientele uscate 30 ml/2 linguri de ceapă uscată (în stare uscată) și 12 măsline umplute tocate înainte de a amesteca cu lichidul. Gătiți ca și pentru Bap Loaf, permițând încă 30 de secunde.

paine tikka masala

face 1 pâine

Pregătiți aluatul de bază de pâine albă, dar înlocuiți celelalte grăsimi cu unt topit sau ulei de porumb și adăugați 15 ml/1 lingură amestec de condimente tikka și semințele a 5 păstăi de cardamom verde la ingredientele uscate înainte de a amesteca cu lichidul. Gătiți ca și pentru Bap Loaf, permițând încă 30 de secunde.

pâine de malț fructată

Face 2 pâini

1 lb/4 căni/450 g făină obișnuită tare (pâine)
10 ml/2 lingurițe sare
1 plic drojdie uscată ușor de amestecat
60 ml/4 linguri amestec de coacaze si stafide
60 ml/4 linguri extract de malț
15 ml/1 lingură melasă (melasă)
1 oz/25 g/2 linguri de unt sau margarină
45 ml/3 linguri lapte degresat caldut
150 ml/¼ pt/2/3 cană apă caldă
Unt, pentru uns

Cerneți făina și sarea într-un castron. Amestecați drojdia și fructele uscate. Puneți extractul de malț, melasa și untul sau margarina într-un castron mic. Se topește, neacoperit, în Dezghețare timp de 3 minute. Se adauga in faina cu laptele si apa cat sa se faca un aluat moale, dar nu lipicios. Frământați pe o suprafață înfăinată până când este netedă, elastică și nu mai este lipicioasă. Împărțiți în două părți egale. Modelați fiecare pentru a se potrivi într-un vas rotund sau dreptunghiular de 900 ml/1½ pt/3¾ cană. Acoperiți vasele, nu aluatul, cu folie alimentară (folie de plastic) și tăiați-l de două ori pentru a lăsa aburul să iasă. Se încălzește împreună la Dezghețare timp de 1 minut. Se lasa sa stea 5 minute. Repetați de trei sau patru ori până când aluatul și-a dublat volumul. Scoateți folia transparentă. Puneți farfuriile una lângă alta în cuptorul cu microunde și gătiți, neacoperit, la plin timp de 2 minute. Intoarceti pozitia farfuriilor si gatiti inca 2 minute. Repetați încă o dată. Se lasa sa stea 10 minute. Întoarceți-l pe un grătar de sârmă. A se pastra intr-un recipient ermetic cand se raceste complet. Lăsați 1 zi înainte de a feli și unt.

Pâine irlandeză cu sifon

Face 4 pâini mici

200 ml/7 fl oz/scar 1 cană de zară sau 60 ml/4 linguri de lapte degresat și iaurt simplu
75 ml/5 linguri lapte integral
12 oz/350 g/3 căni de făină de grâu integral
4 oz/125 g/1 cană făină simplă (universală).
10 ml/2 lingurite de bicarbonat de sodiu (bicarbonat de sodiu)
5 ml/1 lingurita crema de tartru
5 ml/1 lingurita sare
¼ cană/2 oz/50 g unt, margarină sau shortening alb pentru gătit (scurt vegetal)

Ungeți bine o farfurie plată de 25 cm/10 inchi. Se amestecă zara sau înlocuitorul și laptele. Turnați făina integrală de grâu într-un castron și cerneți împreună făina obișnuită, bicarbonatul de sodiu, crema de tartru și sarea. Frecați fin grăsimea. Adăugați lichidul dintr-o dată și amestecați până se omogenizează cu o furculiță. Se framanta rapid cu mainile infainate pana se omogenizeaza. Formați o rotundă de 7 inchi/18 cm. Transferați în centrul farfuriei. Tăiați o cruce adâncă în partea de sus cu dosul unui cuțit, apoi pudrați ușor cu făină. Acoperiți lejer cu hârtie de bucătărie și gătiți pe Full timp de 7 minute. Pâinea va crește și se va întinde. Se lasa sa stea 10 minute. Ridicati farfuria cu ajutorul unei felii de peste si asezati-o pe un gratar. Împărțiți în patru porții când este rece.

Paine Soda cu Tarate

Face 4 pâini mici

Pregătiți ca pentru pâinea de sodă irlandeză, dar adăugați 4 linguri/60 ml de tărâțe grosiere înainte de a amesteca în lichid.

Pentru a reîmprospăta pâinea veche

Puneți pâinea sau rulourile într-o pungă de hârtie maro sau așezați între faldurile unui șervețel curat (șervețel) sau șervețel. Se încălzește la Dezghețare până când pâinea se simte ușor caldă la suprafață. Mâncați imediat și nu repetați cu resturile din aceeași pâine.

pita grecești

Face 4 pâini

Formați aluatul de pâine albă de bază. Împărțiți în patru părți egale și frământați fiecare ușor pentru a forma o minge. Rulați în ovale, fiecare cu lungimea de 30 cm/12 inchi în centru. Pudrați ușor cu făină. Umeziți marginile cu apă. Îndoiți fiecare în jumătate, aducând marginea de sus peste partea de jos. Apăsați bine marginile pentru a sigila. Se aseaza pe o tava de copt unsa cu faina. Coaceți imediat într-un cuptor convențional la 230°C/450°F/nivel de gaz 8 timp de 20-25 de minute, până când pâinile sunt bine crescute și au o culoare aurie. Se lasa sa se raceasca pe un gratar. Lăsați-l până se răcește, apoi deschideți-l și mâncați-l cu sosuri în stil grecesc și alte alimente.

Jeleu de cireșe de port

pentru 6

1½ lbs/750 g conserva de cireșe fără sâmburi în sirop ușor, scurse și rezervate în sirop
15 ml/1 lingură gelatină pudră
45 ml/3 linguri zahăr pudră (superfin).
2,5 ml/½ linguriță de scorțișoară măcinată
port rosiatic
Crema dubla (grea), frisca si amestec de condimente (plainta cu mere), pentru garnitura

Turnați 30 ml/2 linguri de sirop într-un vas dozator mare. Adaugam gelatina si lasam sa stea 2 minute. Se acoperă cu o farfurie și se topește la Decongelare timp de 2 minute. Amestecați pentru a vă asigura că gelatina s-a topit. Se amestecă restul de siropul de cireșe, zaharul și scorțișoara. Preparați până la 450 ml/¾ pt/2 căni de porto. Se acoperă ca mai înainte și se încălzește complet timp de 2 minute, amestecând de trei ori, până când lichidul este călduț și zahărul s-a dizolvat. Transferați într-un recipient de 1,25 litri/2¼ pt/5½ cani și lăsați să se răcească. Acoperiți și răciți până când amestecul de gelatină începe să se îngroașe și să se aseze ușor pe marginea bolului. Îndoiți cireșele și împărțiți-le în șase farfurii de desert. Răciți până se întărește complet.

Jeleu de cirese

pentru 6

Preparați ca jeleu de cireșe în porto, dar înlocuiți cidru tare uscat pentru porto și scorțișoară cu 5 ml/1 linguriță de coajă de portocală rasă.

ananas fierbinte

8 portii

8 oz/225 g/1 cană de zahăr pudră (superfin)
150 ml/¼ pt/2/3 cană apă rece
1 ananas mare proaspăt
6 dinți întregi
5 cm/2 in bucată de baton de scorțișoară
1,5 ml/¼ linguriță nucșoară rasă
60 ml/4 linguri sherry semi-uscat
15 ml/1 lingură rom negru
Biscuiți (biscuiți), pentru servire

Puneți zahărul și apa într-un vas de 2,5 litri/4½ pt/11 cani și amestecați bine. Acoperiți cu o farfurie mare răsturnată și gătiți pe Full timp de 8 minute pentru a face un sirop. Între timp, curățați ananasul și scoateți miezul și îndepărtați „ochii" cu vârful unui curățător de cartofi. Tăiați felii, apoi tăiați feliile în bucăți. Adăugați la sirop cu ingredientele rămase. Acoperiți cu folie alimentară (folie de plastic) și tăiați de două ori pentru a permite aburului să iasă. Gătiți la plin timp de 10 minute, întorcând vasul de trei ori. Lăsați să se odihnească timp de 8 minute înainte de a le pune pe farfurii și de a mânca cu biscuiți crocanți, unți.

fruct Sharon fierbinte

8 portii

Pregătiți ca pentru ananasul fierbinte, dar înlocuiți ananasul cu 8 sferturi de fructe Sharon. După ce se adaugă la sirop cu celelalte ingrediente, se fierbe la Full doar 5 minute. Asezonați cu țuică în loc de rom.

Piersici umplute

8 portii

Pregătiți ca pentru ananasul fierbinte, dar înlocuiți ananasul cu 8 piersici mari, tăiate la jumătate și fără sâmburi. După ce se adaugă la sirop cu celelalte ingrediente, se fierbe la Full doar 5 minute. Asezonați cu un lichior de portocale în loc de rom.

pere roz

pentru 6

450 ml/¾ pt/2 căni de vin roze

3 oz/75 g/1/3 cană zahăr pudră (superfin)

6 pere de desert, tulpinile îndepărtate

30 ml/2 linguri faina de porumb (amidon de porumb)

45 ml/3 linguri apă rece

45 ml/3 linguri porto leon

Se toarnă vinul într-un vas adânc suficient de mare pentru a ține toate perele pe părțile sale într-un singur strat. Adăugați zahărul și amestecați bine. Gatiti, neacoperit, la plin timp de 3 minute. Între timp, curățați perele, având grijă să nu pierdeți tulpinile. Se pune deoparte în amestecul vin-zahăr. Acoperiți cu folie alimentară (folie de plastic) și tăiați de două ori pentru a permite aburului să iasă. Gatiti la plin timp de 4 minute. Întoarceți perele cu două linguri. Acoperiți ca înainte și gătiți la Full încă 4 minute. Se lasa sa stea 5 minute. Reveniți în poziție verticală pe farfuria de servire. Pentru a ingrosa sosul, amestecati usor faina de porumb cu apa si adaugati portul. Adăugați la amestecul de vin. Gatiti, neacoperit, la plin timp de 5 minute, amestecând puternic în fiecare minut până se îngroașă ușor și devine translucid. Se toarnă peste pere și se servește calde sau reci.

budinca de Craciun

Face 2 budinci, fiecare servește 6-8

2½ oz/65 g făină simplă (universal)
15 ml/1 lingura pudra de cacao (ciocolata neindulcita).
10 ml / 2 linguri de condimente amestecate (plăcintă cu mere) sau ienibahar măcinat
5 ml/1 lingurita coaja rasa de portocala sau mandarina
3 oz/75 g/1½ cani de pesmet proaspăt de grâu integral
125 g/4 oz/½ cană de zahăr brun închis moale
1 lb/4 căni/450 g amestec de fructe uscate (amestec de prăjituri cu fructe) în coajă
4 oz/125 g/1 cană de suif ras (vegetarian, dacă se preferă)
2 ouă mari, la temperatura bucătăriei
15 ml/1 lingură melasă (melasă)
60 ml/4 linguri Guinness
15 ml/1 lingura lapte

Ungeți bine două feluri de budincă de 900 ml/1½ pt/3¾ cană. Cerneți făina, cacao și condimentele într-un castron mare. Se amestecă coaja, pesmetul, zahărul, fructele și sufia. Într-un castron separat, amestecați ouăle, melasa, Guinness și laptele. Adăugați ingredientele uscate cu o furculiță pentru a obține un amestec omogen. Împărțiți în mod egal între bazinele pregătite. Acoperiți fiecare lejer cu hârtie de bucătărie. Gatiti, pe rand, la Full timp de 4 minute. Se lasa sa stea 3 minute la cuptorul cu microunde. Fierbe fiecare budincă la Full timp de încă 2 minute. Opriți chiuvetele când se răcesc. Când se răcește, înfășurați în hârtie cerată de grosime dublă și congelați până este necesar. Pentru a servi, dezghețați complet,

Budincă de prune cu unt

Face 2 budinci, fiecare servește 6-8

Pregătiți ca pentru budinca de Crăciun, dar înlocuiți sueful cu 125 g/4 oz/½ cană unt topit.

Budinca De Prune Cu Ulei

Face 2 budinci, fiecare servește 6-8

Pregătiți ca pentru budinca de Crăciun, dar înlocuiți sueful cu 75 ml/5 linguri ulei de floarea soarelui sau de porumb. Adăugați încă 15 ml/1 lingură de lapte.

Sufleu de fructe în cupe

pentru 6

14 oz/400 g/1 cutie mare orice umplutură de fructe
3 ouă, separate
90 ml/6 linguri smantana pentru frisca

Turnați umplutura de fructe într-un bol și adăugați gălbenușurile de ou. Bate albusurile pana se taie si amesteca usor cu amestecul de fructe pana se omogenizeaza bine. Se toarnă amestecul în mod egal în șase pahare de vin cu tulpină (nu de cristal) până se umple pe jumătate. Gatiti in perechi la Decongelare timp de 3 minute. Amestecul ar trebui să se ridice până la vârful fiecărui pahar, dar va cădea puțin când este scos din cuptor. Faceți o tăietură în partea de sus a fiecăruia cu un cuțit. Turnați 15 ml/1 lingură de smântână în fiecare. Acesta va curge pe părțile laterale ale ochelarilor către baze. Serviți imediat.

Budincă de Crăciun aproape instantanee

Face 2 deserturi, fiecare porție de 8

Absolut superb, incredibil de bogat în aromă, cu tonuri profunde, fructat și cu maturare rapidă, așa că nu este nevoie să le pregătiți cu săptămâni în avans. Umplutura de fructe conservate este motorul principal aici și explică succesul nesfârșit al budincilor.

8 oz/225 g/4 căni de pesmet alb proaspăt

4 oz/125 g/1 cană făină simplă (universală).

12,5 ml/2½ lingurițe de ienibahar măcinat

6 oz/175 g/¾ cană de zahăr brun închis moale

10 oz/275 g/2¼ cani de suif ras fin (vegetarian daca se prefera)

1½ lbs./4 cesti amestec de fructe uscate (amestec de prajitura cu fructe)

3 oua, bine batute

14 oz/400 g/1 cutie mare umplută cu cireşe

30 ml/2 linguri melasă (melasă)

Blender olandez cu unt crema sau frisca, pentru servire.

Ungeți bine două feluri de budincă de 900 ml/1½ pt/3¾ cană. Pune pesmetul într-un castron şi cerne făina şi ienibaharul. Adăugați zahărul, seuul şi nucile. Se amestecă până se omogenizează cu ouăle, umplutura de fructe şi melasă. Împărțiți printre bolurile pregătite şi acoperiți fiecare lejer cu hârtie de bucătărie. Gatiti, pe rand, la Full timp de 6 minute. Se lasa sa stea 5 minute la cuptorul cu microunde. Gătiți fiecare budincă la Full timp de încă 3 minute, rotind bolul de două ori. Opriți chiuvetele când se răcesc. Când se răceşte, înfăşurați în hârtie impermeabilă (ceară) şi dați la frigider până când este necesar. Tăiați în porții şi reîncălziți aşa cum este indicat în tabelul cu alimente preparate. Se serveste cu smantana de la blender sau cu frisca.

budincă de Crăciun ultra fructată

8-10 porții

Un clasic Billington's Sugar, cu unt sau margarină înlocuind zahărul.

¾ cană/3 oz/75 g făină simplă (universală).
7,5 ml/1½ linguriță ienibahar măcinat
1½ oz/40 g/¾ cană pesmet de grâu integral
3 oz/75 g/1/3 cană zahăr demerara
75 g/3 oz/1/3 zahăr melasă
125 g/4 oz/2/3 cană coacăze
4 oz/125 g/2/3 cană sultane (stafide aurii)
4 oz/125 g/2/3 cană caise uscate, tăiate în bucăți mici
45 ml/3 linguri alune prajite tocate
1 măr mic de mâncare (la desert), decojit și ras
Coaja rasa fin si zeama de la 1 portocala mica

50 ml/2 fl oz/3½ linguri lapte rece

3 oz/75 g/1/3 cană unt sau margarină

2 oz/50 g ciocolată simplă (semidulce), ruptă în bucăți

1 ou mare, bătut

sos de coniac

Ungeți un vas de budincă de 900 ml/1½ pt/3¾ cană. Cerneți făina și condimentele într-un castron mare. Adăugați pesmetul și zaharurile și amestecați pentru a vă asigura că se rup cocoloașele. Se amestecă coacăzele uscate, sultanele, caisele, nucile, mărul și coaja de portocală. Turnați sucul de portocale într-un ulcior. Adauga laptele, untul sau margarina si ciocolata. Se încălzește la Decongelare timp de 2½-3 minute până când untul și ciocolata s-au topit. Se trece la ingredientele uscate cu oul batut. Se pune în recipientul pregătit. Acoperiți lejer cu o rundă de pergament sau hârtie de ceară. Gatiti la maxim 5 minute, rotind vasul de doua ori. Se lasa sa stea 5 minute. Gatiti la plin inca 5 minute, rotind recipientul de două ori. Se lasa sa se odihneasca 5 minute inainte de a rasturna pe o farfurie si de a servi cu sos de rachiu.

crumble de prune

pentru 4 persoane

1 lb/450 g prune fără sâmburi

125 g/4 oz/½ cană zahăr brun moale

1½ căni/6 oz/175 g făină de grâu integrală simplă (toate scopuri)

125 g/4 oz/½ cană unt sau margarină

3 oz/75 g/1/3 cană zahăr demerara

2,5 ml/½ linguriță ienibahar măcinat (opțional)

Puneți prunele într-un vas de plăcintă unsat cu unt de 1 L/1¾ pt/4¼ cană. Se amestecă zahărul. Se toarnă făina într-un castron și se freacă subțire de unt sau margarină. Adăugați zahăr și condimente și amestecați. Se presara amestecul gros peste fructe. Gatiti, neacoperit, la plin timp de 10 minute, intoarceti farfuria de doua ori. Se lasa sa stea 5 minute. Mănâncă cald sau cald.

Crumble de prune și mere

pentru 4 persoane

Pregătiți ca pentru Plum Crumble, dar înlocuiți jumătate din prune cu 8 oz/225 g mere decojite și tăiate felii. Adăugați 5 ml/1 linguriță de coajă de lămâie rasă în fructe cu zahăr.

Crumble de caise

pentru 4 persoane

Pregătiți ca pentru Plum Crumble, dar înlocuiți prune cu caise proaspete fără sâmburi.

Crumble de fructe roșii cu migdale

pentru 4 persoane

Pregătiți-l ca Plum Crumble, dar înlocuiți prune cu fructe de padure preparate. Adăugați 30 ml/2 linguri de migdale fulgi prăjite (tăiate felii) în amestecul de crumble.

Crumble de pere și rubarbă

pentru 4 persoane

Pregătiți ca pentru Plum Crumble, dar înlocuiți prunele cu un amestec de pere decojite și tocate și rubarbă tocată.

Crumble de nectarine și afine

pentru 4 persoane

Pregătiți ca pentru Plum Crumble, dar înlocuiți prunele cu un amestec de nectarine și merișoare fără sâmburi și tăiate felii.

Betty Apple

Porții 4–6

2 oz/50 g/¼ cană unt sau margarină
4 oz/125 g/2 căni de pesmet crocant, cumpărat din magazin sau făcut cu pâine prăjită
6 oz/175 g/¾ cană zahăr brun moale
1½ lbs/750 g mere de gătit (acre), curățate de coajă, fără miez și tăiate felii subțiri
30 ml/2 linguri suc de lamaie
Coaja de 1 lămâie mică
2,5 ml/½ linguriță de scorțișoară măcinată
75 ml/5 linguri apă rece
Frisca dubla (grea), batuta sau inghetata, pentru servire

Ungeți cu unt o farfurie de plăcintă de 600 ml/1pt/2½ cani. Topiți complet untul sau margarina timp de 45 de secunde. Adăugați pesmetul și două treimi din zahăr. Combinați feliile de mere, sucul de lămâie, coaja de lămâie, scorțișoara, apa și zahărul rămas. Umpleți tava de plăcintă pregătită cu straturi alternative de pesmet și amestecuri de mere, începând și terminând cu pesmet. Gatiti, neacoperit, la plin timp de 7 minute, intoarceti farfuria de doua ori. Lăsați să stea 5 minute înainte de a mânca cu smântână groasă sau înghețată.

Nectarine sau piersici Betty

Porții 4–6

Pregătește-te ca Apple Betty, dar înlocuiește mere cu nectarine fără sâmburi sau piersici feliate.

Budincă zdrobită din Orientul Mijlociu cu nucă

pentru 6

Aceasta este o budincă bună din ceea ce a fost odată cunoscut sub numele de Arabia. Apa de floare de portocal este disponibilă în unele supermarketuri și farmacii.

6 grâu mare ras
100 g/3½ oz/1 cană nuci de pin prăjite
125 g/4 oz/½ cană zahăr pudră (superfin)
150 ml/¼ pt/2/3 cană lapte integral
2 oz/50 g/¼ cană unt (nu margarină)
45 ml/3 linguri apă de floare de portocal

Ungeți cu unt o farfurie adâncă de 8/20 cm diametru și prăbușiți 3 grâuri mărunțite în fund. Combinați nucile și zahărul și presărați uniform deasupra. Se toarnă peste restul de grâu mărunțit. Încălziți laptele și untul într-o cană, descoperită, la putere maximă timp de 1½ minut. Se amestecă cu apa de floare de portocal. Turnați ușor peste ingredientele din vas. Gatiti, neacoperit, la plin timp de 6 minute. Se lasa sa stea 2 minute inainte de servire.

Cocktail de fructe de vară

8 portii

8 oz/225 g/2 căni de coacăze roșii, acoperite și coada îndepărtată
8 oz/225 g rubarbă tocată
30 ml/2 linguri apă rece
8 oz/250 g/1 cană de zahăr pudră (superfin).
1 kilogram/450 g căpșuni, feliate
125g/4oz zmeură
4 oz/125 g coacăze roșii, cu tulpină
30 ml/2 linguri cassis sau lichior de portocale (optional)

Pune coacazele si rubarba intr-un vas adanc cu apa. Acoperiți cu folie alimentară (folie de plastic) și tăiați de două ori pentru a permite aburului să iasă. Gătiți complet timp de 6 minute, răsturnând vasul o dată. Descoperi. Adăugați zahărul și amestecați până se dizolvă. Se amestecă fructele rămase. Se acoperă când se răcește și se răcește bine. Adăugați Cassis sau lichior, dacă folosiți, chiar înainte de servire.

Compot de banane și curmale din Orientul Mijlociu

pentru 6

Curmalele proaspete, de obicei din Israel, sunt ușor disponibile iarna.

1 kilogram/450 g curmale proaspete
1 kilogram/450 g banane
Suc de ½ lămâie
suc de ½ portocală
45 ml/3 linguri rachiu de portocale sau caise
15 ml/1 lingură apă de trandafiri
30 ml/2 linguri zahar demerara
pandișpan, de servit

Curmalele se curăță de coajă și se taie în jumătate pentru a îndepărta sâmburele (sâmburii). Puneți într-un castron de servire de 1,75 litri/3 halbe/7½ cani. Curățați pătlaginele și tăiați-le direct deasupra. Adăugați toate ingredientele rămase și amestecați ușor pentru a se amesteca. Acoperiți cu folie alimentară (folie de plastic) și tăiați de două ori pentru a permite aburului să iasă. Gătiți complet timp de 6 minute, răsturnând vasul de două ori. Mănâncă fierbinte cu prăjitură.

Salată de nuci mixte

pentru 4 persoane

8 oz/225 g fructe uscate amestecate, cum ar fi inele de mere, caise, piersici, pere, prune uscate
300 ml/½ pt/1¼ cană apă clocotită
2 oz/50 g/¼ cană zahăr granulat
10 ml/2 lingurite coaja de lamaie rasa fin
Iaurt simplu gros, de servit

Spălați bine fructele și puneți-le într-un recipient de 1,25 litri/2¼-half/5½ cani. Adăugați apa și zahărul. Se acopera cu o farfurie si se lasa la macerat 4 ore. Transferați la cuptorul cu microunde și gătiți la foc complet timp de aproximativ 20 de minute până când fructele sunt fragede. Adăugați coaja de lămâie și serviți fierbinte cu iaurt gros.

Budincă grea de mere și mure

pentru 6

putin unt topit
2¼ căni/10 oz/275 g făină auto-crescătoare
5 oz/150 g/2/3 cană unt sau margarină, la temperatura bucătăriei
125 g/4 oz/½ cană zahăr brun moale
2 oua batute
14 oz/400 g/1 cutie mare Umplutură cu fructe cu mere și mure
45 ml/3 linguri lapte rece
Crema sau crema de patiserie, de servit

Ungeți un vas rotund de sufleu de 1,25 litri/2¼ pt/5½ cană cu untul topit. Cerneți făina într-un bol și frecați subțire cu untul sau margarina.

Se adauga zaharul si se amesteca pana se omogenizeaza cu ouale, umplutura de fructe si laptele, amestecand energic fara a bate. Întindeți uniform pe vasul pregătit. Gatiti, neacoperit, la plin timp de 9 minute, intorcand farfuria de trei ori. Se lasa sa stea 5 minute. Transformă-l într-o farfurie adâncă încălzită. Se pune pe farfurii de servire cu smântână sau cremă.

Budinca de lamaie si mure

pentru 4 persoane

putin unt topit
8 oz/225 g/2 căni de mure zdrobite
Coaja rasa fin si zeama de la 1 lamaie
8 oz/225 g/2 căni de făină auto-crescătoare
125 g/4 oz/½ cană unt sau margarină
3½ oz/100 g/mică ½ cană de zahăr brun închis moale
2 oua batute
60 ml/4 linguri lapte rece
Crema, inghetata sau sorbet de lamaie, pentru a insoti

Ungeți o farfurie adâncă de 7/18 cm diametru cu unt topit. Se amestecă murele cu coaja și sucul de lămâie și se lasă deoparte. Cerneți făina într-un bol. Frecați untul și zahărul. Se amestecă până la o consistență netedă cu fructele zdrobite, ouăle și laptele. Se intinde usor in vasul pregatit. Gatiti, neacoperit, la plin timp de 7-8 minute, pana cand budinca se ridica in partea de sus a vasului si blatul nu are pete lucioase. Lasă să stea 5 minute, timp în care budinca se va lăsa puțin. Slăbiți marginile cu un cuțit și turnați-le pe o plită încinsă. Mănâncă fierbinte cu smântână, înghețată sau sorbet de lămâie.

Budincă de Lămâie și Zmeură

pentru 4 persoane

Pregătiți ca pentru budinca de mărăcini de lămâie, dar înlocuiți murele cu zmeura.

Budincă de caise și nuci cu susul în jos

8 portii

Pentru budinca:

2 oz/50 g/¼ cană unt sau margarină

2 oz/50 g/¼ cană zahăr brun moale

400 g/14 oz jumătăți de caise conservate în sirop, scurse și rezervate în sirop

2 oz/50 g/½ cană nuci tăiate pe jumătate

Pentru acoperire:

8 oz/225 g/2 căni de făină auto-crescătoare

125 g/4 oz/½ cană unt sau margarină

125 g/4 oz/½ cană zahăr pudră (superfin)

Coaja rasa fin a 1 portocala

2 oua

75 ml/5 linguri lapte rece

2,5–5 ml/½–1 linguriță esență de migdale (extract)

Inghetata de cafea, de servit

Pentru a face budinca, ungeți cu unt fundul și părțile laterale ale unui vas adânc de 10/25 cm diametru. Adăugați unt sau margarină. Se topește, neacoperit, în Dezghețare timp de 2 minute. Presărați zahărul brun peste unt, astfel încât să acopere aproape fundul vasului. Aranjați atractiv jumătățile de caise deasupra zahărului, tăind părțile laterale și punându-le cu jumătățile de nucă.

Pentru a face toppingul, cerneți făina într-un castron. Frecați subțire unt sau margarină. Adăugați zahărul și coaja de portocală și amestecați pentru a se combina. Bateți bine ingredientele rămase, apoi turnați-le în ingrediente uscate până se omogenizează. Întindeți ușor peste fructe și nuci. Gatiti, neacoperit, la plin timp de 10 minute. Lăsați să se odihnească timp de 5 minute, apoi desfaceți cu grijă într-un vas puțin adânc. Se încălzește siropul rezervat la Full timp de 25 de secunde. Servește budinca cu înghețată de cafea și siropul călduț.

Banane în stil adoptiv

pentru 4 persoane

Din New Orleans și poartă numele lui Dick Foster, care era responsabil cu curățarea moralului orașului în anii 1950. Sau așa spune povestea.

1 oz/25 g/2 linguri unt de floarea soarelui sau margarina
4 banane
45 ml/3 linguri zahăr brun închis, moale
1,5 ml/¼ linguriță de scorțișoară măcinată
5ml/1 lingurita coaja de portocala rasa fin
60 ml/4 linguri rom negru
Inghetata de vanilie, de servit

Pune untul intr-o farfurie adanca de 23 cm/9 in diametru. Se topește la Decongelare timp de 1½ minut. Curățați pătlaginile, tăiați-le în jumătate pe lungime, apoi tăiați fiecare jumătate în două bucăți. Aranjați în fântână și stropiți cu zahăr, scorțișoară și coajă de portocală. Acoperiți cu folie alimentară (folie de plastic) și tăiați de două ori pentru a permite aburului să iasă. Gatiti la plin timp de 3 minute. Se lasa sa stea 1 minut. Încălziți romul la Decongelare până când este călduț. Se aprinde romul cu un chibrit si se toarna peste bananele descoperite. Serviți cu o înghețată bogată de vanilie.

Placintă cu condimente Mississippi

8 portii

În cazul flanului (coaja de plăcintă):
8 oz/225 g aluat de patiserie (crustă de plăcintă de bază)
1 galbenus de ou

Pentru umplutura:
1 kilogram/450 g de cartofi dulci cu coajă roz cu pulpă galbenă, curățați și tăiați cuburi
60 ml/4 linguri apă clocotită
3 oz/75 g/1/3 cană zahăr pudră (superfin)
10 ml/2 lingurițe de ienibahar măcinat
3 ouă mari

150 ml/¼ pt/2/3 cană lapte rece
30 ml/2 linguri de unt topit
Frisca sau inghetata de vanilie, de servit

Pentru a face carcasa pentru flan, întindeți aluatul subțire și folosiți-l pentru a căptuși o farfurie de 23 cm/9 cm diametru cu unt ușor cu unt. Înțepați bine peste tot cu o furculiță, mai ales acolo unde părțile laterale se întâlnesc cu fundul. Gatiti, neacoperit, la plin timp de 6 minute, intorcand farfuria de trei ori. Dacă apar bulgări, apăsați ușor cu degetele protejate de mănuși de cuptor. Ungeți peste tot cu gălbenușul de ou pentru a sigila găurile. Gatiti, neacoperit, pe Full timp de inca 1 minut. Pus deoparte.

Pentru a face umplutura, puneți cartofii într-un vas de 1 litru/1¾ pt/4¼ cană. Adăugați apa clocotită. Acoperiți cu folie alimentară (folie de plastic) și tăiați de două ori pentru a permite aburului să iasă. Gătiți complet timp de 10 minute, răsturnând vasul de două ori. Se lasa sa stea 5 minute. Scurgere. Puneți într-un robot de bucătărie sau blender și adăugați ingredientele rămase. Lucrați până obțineți un piure fin. Se întinde uniform în cutia de patiserie coaptă. Gatiti, neacoperit, la Decongelare timp de 20 pana la 25 de minute, pana cand umplutura s-a intarit, intoarceti vasul de patru ori. De la rece până la căldut Tăiați în porții și serviți cu frișcă netedă sau înghețată de vanilie.

budincă jamaicană

4-5 porții

8 oz/225 g/2 căni de făină auto-crescătoare
4 oz/125 g/½ cană amestec de grăsime albă de gătit (scurtare vegetală) și margarină
125 g/4 oz/½ cană zahăr pudră (superfin)
2 ouă mari, bătute
¼ cană/2 oz/50 g conserva de ananas zdrobit cu sirop
15 ml/1 lingura esenta de cafea si cicoare (extract) sau lichior de cafea
Crema coagulata, pentru servire

Ungeți un vas de sufleu de 1,75 litri/3 pt/7½ cană. Cerneți făina într-un bol și frecați fin grăsimile. Se amestecă zahărul. Se amesteca cu o furculita pana se obtine o consistenta moale cu ouale, ananasul cu sirop si esenta sau lichiorul de cafea. Se intinde usor pe farfurie. Gatiti, neacoperit, la plin timp de 6 minute, rasturnand vasul o data. Se rastoarna pe o farfurie de servire si se lasa sa se odihneasca 5 minute. Reveniți la cuptorul cu microunde. Gătiți complet încă 1-1½ minute. Serviți cu smântână încheagată.

Tort cu dovleac

8 portii

Se mănâncă în America de Nord în ultima joi din fiecare noiembrie pentru a sărbători Ziua Recunoștinței.

În cazul flanului (coaja de plăcintă):
8 oz/225 g aluat de patiserie (crustă de plăcintă de bază)
1 galbenus de ou

Pentru umplutura:
½ dovleac mic sau porție de 4 lb/1,75 kg, fără semințe
30 ml/2 linguri melasă (melasă)
6 oz/175 g/¾ cană zahăr brun moale

15 ml/1 lingură făină de porumb (amidon de porumb)
10 ml/2 linguriţe de ienibahar măcinat
150 ml/¼ pct/2/3 cană smântână dublă (grea)
3 oua batute
Frisca, pentru servire

Pentru a face carcasa pentru flan, întindeţi aluatul subţire şi folosiţi-l pentru a căptuşi o farfurie de 23 cm/9 cm diametru cu unt uşor cu unt. Înţepaţi bine peste tot cu o furculiţă, mai ales acolo unde părţile laterale se întâlnesc cu fundul. Gatiti, neacoperit, la plin timp de 6 minute, intorcand farfuria de trei ori. Dacă apar bulgări, apăsaţi uşor cu degetele protejate de mănuşi de cuptor. Ungeţi peste tot cu gălbenuşul de ou pentru a sigila găurile. Gatiti, neacoperit, pe Full timp de inca 1 minut. Pus deoparte.

Pentru a face umplutura, punem dovleacul pe o farfurie. Gatiti, neacoperit, pe plin timp de 15 pana la 18 minute, pana cand carnea este foarte frageda. Scoateţi pielea şi lăsaţi să se răcească până la căldut. Se amestecă până se omogenizează cu ingredientele rămase. Se toarnă în cutia de patiserie încă pe farfurie. Gătiţi, neacoperit, la plin timp de 20 până la 30 de minute, până când umplutura este fixată, întorcând vasul de patru ori. Se serveste cald cu frisca. Dacă preferaţi, utilizaţi 2 căni/15 oz/425 g conserve de dovleac în loc de proaspăt.

Tarta cu sirop de ovaz

6–8 porții

O versiune actualizată a tartei cu melasă.

În cazul flanului (coaja de plăcintă):
8 oz/225 g aluat de patiserie (crustă de plăcintă de bază)
1 galbenus de ou

Pentru umplutura:
125 g/4 oz/2 căni de musli prăjit cu fructe și nuci
75 ml/5 linguri sirop auriu (porumb ușor)

15 ml/1 lingură melasă (melasă)
Frisca, pentru servire

Pentru a face carcasa pentru flan, întindeți aluatul subțire și folosiți-l pentru a căptuși o farfurie de 23 cm/9 cm diametru cu unt ușor cu unt. Înțepați bine peste tot cu o furculiță, mai ales acolo unde părțile laterale se întâlnesc cu fundul. Gatiti, neacoperit, la plin timp de 6 minute, intorcand farfuria de trei ori. Dacă apar bulgări, apăsați ușor cu degetele protejate de mănuși de cuptor. Ungeți peste tot cu gălbenușul de ou pentru a sigila găurile. Gatiti, neacoperit, pe Full timp de inca 1 minut. Pus deoparte.

Pentru a face umplutura, amestecați musliul, siropul și melasa și puneți cu lingura în forma pentru flan copt. Gatiti, neacoperit, la plin timp de 3 minute. Se lasa sa stea 2 minute. Gatiti, neacoperit, pe Full timp de inca 1 minut. Se serveste cu crema.

Flan cu burete de nucă de cocos

8-10 porții

În cazul flanului (coaja de plăcintă):
8 oz/225 g aluat de patiserie (crustă de plăcintă de bază)
1 galbenus de ou

Pentru umplutura:
1½ căni/6 oz/175 g făină auto-crescătoare
3 oz/75 g/1/3 cană unt sau margarină
3 oz/75 g/1/3 cană zahăr pudră (superfin)

75 ml/5 linguri nucă de cocos deshidratată (măruntită)

2 oua

5 ml/1 lingurita esenta de vanilie (extract)

60 ml/4 linguri lapte rece

30 ml/2 linguri gem de căpșuni sau coacăze negre (conservat)

Pentru glazura (glazura):

8 oz/225 g/1 1/3 căni de zahăr pudră, cernut

apa de flori de portocal

Pentru a face carcasa pentru flan, întindeți aluatul subțire și folosiți-l pentru a căptuși o farfurie de 23 cm/9 cm diametru cu unt ușor cu unt. Înțepați bine peste tot cu o furculiță, mai ales acolo unde părțile laterale se întâlnesc cu fundul. Gatiti, neacoperit, la plin timp de 6 minute, intorcand farfuria de trei ori. Dacă apar bulgări, apăsați ușor cu degetele protejate de mănuși de cuptor. Ungeți peste tot cu gălbenușul de ou pentru a sigila găurile. Gatiti, neacoperit, pe Full timp de inca 1 minut. Pus deoparte.

Pentru a face umplutura de nucă de cocos, cerneți făina într-un bol. Frecați unt sau margarină. Adăugați zahărul și nuca de cocos, apoi amestecați până se omogenizează cu ouăle, vanilia și laptele. Răspândiți dulceața peste punga care este încă în farfurie. Se întinde uniform cu amestecul de nucă de cocos. Gatiti, neacoperit, la plin timp de 6 minute, intorcând vasul de patru ori. Flanul este gata atunci când blatul pare uscat și nu au mai rămas puncte lipicioase. Se lasa sa se raceasca complet.

Pentru a face glazura, amestecați zahărul pudră cu suficientă apă de floare de portocal pentru a face o glazură groasă; câteva lingurițe ar trebui să fie suficiente. Se distribuie deasupra flanului. Lăsați până se întărește înainte de a tăia.

tarta usoara de coacere

8-10 porții

Pregătește-l ca flanul de tort cu nucă de cocos, dar folosește dulceață de zmeură (conservată) și înlocuiește nuca de cocos cu migdale măcinate.

plăcintă sfărâmicioasă

8-10 porții

În cazul flanului (coaja de plăcintă):
8 oz/225 g aluat de patiserie (crustă de plăcintă de bază)
1 galbenus de ou

Pentru umplutura:
12 oz/350 g/1 cană de carne tocată

Pentru crumble de nuci:

50 g/2 oz/¼ cană unt

4 oz/125 g/1 cană de făină auto-crescătoare, cernută

2 oz/50 g/¼ cană zahăr demerara

5 ml/1 lingurita scortisoara macinata

60 ml/4 linguri nuci tocate marunt

Servi:

Frișcă, cremă sau înghețată

Pentru a face carcasa pentru flan, întindeți aluatul subțire și folosiți-l pentru a căptuși o farfurie de 23 cm/9 cm diametru cu unt ușor cu unt. Înțepați bine peste tot cu o furculiță, mai ales acolo unde părțile laterale se întâlnesc cu fundul. Gatiti, neacoperit, la plin timp de 6 minute, intorcand farfuria de trei ori. Dacă apar bulgări, apăsați ușor cu degetele protejate de mănuși de cuptor. Ungeți peste tot cu gălbenușul de ou pentru a sigila găurile. Gatiti, neacoperit, pe Full timp de inca 1 minut. Pus deoparte.

Pentru a face umplutura, turnați uniform carnea tocată în tava coaptă.

Pentru a se sfărâma nuca, frecați untul în făină, apoi adăugați zahărul, scorțișoara și nucile. Presă în carnea tocată într-un strat uniform. Se lasă neacoperit și se fierbe la Full timp de 4 minute, răsturnând tortul de două ori. Se lasa sa stea 5 minute. Tăiați felii și serviți fierbinți cu frișcă, cremă sau înghețată.

budincă de pâine și unt

pentru 4 persoane

Budinca preferată a Marii Britanii.

4 felii mari de pâine albă
¼ cană/2 oz/50 g unt, la temperatura bucătăriei sau unt înmuiat
50 g/2 oz/1/3 cană coacăze
2 oz/50 g/¼ cană de zahăr pudră (superfin)
600 ml/1 pct/2½ căni lapte rece
3 oua
30 ml/2 linguri zahar demerara

Nucșoară

Lăsați crustele pe pâine. Ungeți fiecare felie cu unt, apoi tăiați în patru pătrate. Ungeți bine cu unt un vas adânc pătrat sau oval de 1,75 litri/3 litri/7½ cani. Așezați jumătate din pătratele de pâine pe partea de jos, cu părțile unse în sus. Se presară coacăze și zahăr pudră. Acoperiți cu pâinea rămasă, iar partea unsă cu unt în sus. Turnați laptele într-un ulcior sau bol. Se încălzește, neacoperit, la plin timp de 3 minute. Bate bine ouăle. Se toarnă încet și ușor peste pâine. Se presara cu zahar demerara si nucsoara. Lăsați să stea 30 de minute, acoperit lejer cu o bucată de hârtie impermeabilă (ceară). Gatiti, neacoperit, la Dezghetare timp de 30 de minute.

Budincă de pâine și unt cu lemon curd

pentru 4 persoane

Pregătiți ca pentru budinca de pâine și unt, dar întindeți pâinea cu lemon curd în loc de unt.

flan de ou copt

pentru 4 persoane

Grozav de mâncat singur, cu orice tip de salată de fructe sau combinație de Summer Fruit Cocktail.

300 ml/½ pt/1¼ cană smântână (ușoară) sau lapte integral
3 oua
1 galbenus de ou
3½ oz/100 g/mică ½ cană de zahăr pudră (superfin).
5 ml/1 lingurita esenta de vanilie (extract)
2,5 ml/½ linguriță nucșoară rasă

Unge bine un vas de 1 litru/1¾ pct/4¼ cană. Se toarnă smântana sau laptele într-o cană. Se încălzește, neacoperit, la maxim timp de 1½ minut. Se amestecă toate ingredientele rămase, cu excepția nucșoarei. Se strecoară într-o farfurie. Puneți într-un al doilea vas de 2 litri/3½ halbă/8½ cani. Turnați apă clocotită în vasul mai mare până ajunge la nivelul cremei din vasul mai mic. Stropiți blatul cremei cu nucșoară. Gătiți, neacoperit, la plin timp de 6 până la 8 minute, până când crema abia se întărește. Scoateți din cuptorul cu microunde și lăsați să stea timp de 7 minute. Ridicați vasul cu cremă de pe farfuria mai mare și continuați să stea până când centrul se fixează. Serviți cald sau rece.

budincă de gris

pentru 4 persoane

Mâncare de grădiniță, dar încă populară cu toată lumea.

50 g/2 oz/1/3 cană gris (cremă de grâu)
2 oz/50 g/¼ cană de zahăr pudră (superfin)
600 ml/1pt/2½ căni de lapte
10 ml/2 lingurite unt sau margarina

Pune grisul într-un bol de amestecare. Se amestecă zahărul și laptele. Gatiti, neacoperit, pe plin timp de 7-8 minute, amestecand bine in fiecare minut, pana cand fierbe si se ingroasa. Adăugați unt sau margarină. Transferați în farfurii de servire pentru a mânca.

Budinca de orez macinata

pentru 4 persoane

Pregătiți ca pentru budinca cu gris, dar înlocuiți orezul măcinat cu nisip (cremă de grâu).

Budincă de suif și melasă la abur

pentru 4 persoane

45 ml/3 linguri sirop de aur (porumb ușor)
4 oz/125 g/1 cană făină auto-crescătoare
2 oz/50 g/½ cană suif ras (vegetarian, dacă se preferă)
2 oz/50 g/¼ cană de zahăr pudră (superfin)
1 ou
5 ml/1 lingurita esenta de vanilie (extract)
90 ml/6 linguri lapte rece

Ungeți bine un vas de budincă de 2¼ de litri/5½ cani de 1,25 litri. Se toarnă siropul până acoperă baza. Cerneți făina într-un castron și adăugați suta și zahărul. Bateți bine oul, esența de vanilie și laptele, apoi ungeți cu ingredientele uscate. Lingura in lighean. Gatiti, neacoperit, la plin timp de 4-4½ minute, pana cand budinca a crescut pentru a ajunge in partea de sus a tigaii. Se lasa sa stea 2 minute. Se desface și se toarnă în patru farfurii. Serviți cu orice sos dulce pentru desert.

Dulceata sau budinca de miere

pentru 4 persoane

Pregătiți ca pentru budinca de melasă aburită, dar înlocuiți siropul cu dulceața sau mierea.

budincă de ghimbir

pentru 4 persoane

Pregătiți ca pentru budinca de melasă la abur, dar cerneți 10 ml/2 lingurițe de ghimbir măcinat în făină.

Budincă de burete pentru gem

pentru 4 persoane

45 ml/3 linguri dulceata de zmeura (conservata)
1½ căni/6 oz/175 g făină auto-crescătoare
3 oz/75 g/1/3 cană unt sau margarină
3 oz/75 g/1/3 cană zahăr pudră (superfin)
2 oua

45 ml/3 linguri lapte rece
5 ml/1 lingurita esenta de vanilie (extract)
Frisca sau crema, pentru servire

Turnați dulceața într-un vas de budincă de 1,5 litri/2½-half/6 cani. Cerneți făina într-un bol. Frecați untul sau margarina subțire, apoi adăugați zahărul. Batem bine ouale, laptele si esenta de vanilie, apoi ungeti cu ingredientele uscate. Lingura in lighean. Gatiti la plin timp de 7-8 minute, pana cand budinca se ridica in partea de sus a vasului. Se lasa sa stea 3 minute. Se desface și se toarnă porțiile în patru farfurii. Se serveste cu smantana sau crema de patiserie.

Budincă cu burete de lămâie

pentru 4 persoane

Pregătiți ca pentru budinca de biscuiți cu dulceață, dar înlocuiți cu dulceață lemon curd (conservat) și adăugați coaja rasă fin a 1 lămâie mică la ingredientele uscate.

crepes Suzette

pentru 4 persoane

Revenit la modă după o perioadă lungă în umbră.

8 clătite gătite convențional, fiecare cu diametrul de aproximativ 8/20 cm

45 ml/3 linguri de unt

30 ml/2 linguri de zahăr pudră (superfin).

5 ml/1 lingurita coaja de portocala rasa

5 ml/1 linguriță coajă de lămâie rasă

Suc din 2 portocale mari

30 ml/2 linguri Grand Marnier

30 ml/2 linguri rachiu

Îndoiți fiecare clătită în sferturi, astfel încât să arate ca un plic. Pus deoparte. Pune untul intr-un vas de 25 cm/10 cm in diametru. Se topește la Decongelare timp de 1½-2 minute. Adăugați toate ingredientele rămase, cu excepția coniacului și amestecați bine. Se încălzește complet timp de 2-2½ minute. Se amestecă. Adăugați clătitele într-un singur strat și stropiți cu sosul de unt. Gatiti, neacoperit, la plin timp de 3-4 minute. Scoateți din cuptorul cu microunde. Se toarnă coniacul într-o cană și se încălzește pe Full timp de 15 până la 20 de secunde, până când se încălzește. Se toarnă într-un polonic și se aprinde cu un chibrit. Se toarnă peste crêpe și se servește când s-au stins flăcările.

Mere coapte

Pentru 1 mar: marcați o linie în jurul unui măr mare de gătit (acid) cu un cuțit ascuțit, la aproximativ o treime în jos de sus. Scoateți miezul cu un curățător de cartofi sau cu miezul de mere, având grijă să nu tăiați în baza mărului. Umpleți cu zahăr, nuci, dulceață (conserve) sau lemon curd. Puneți pe o farfurie și gătiți, descoperit, pe Full timp de 3-4 minute, întorcând farfuria de două ori, până când mărul se umflă ca un sufleu. Lăsați să stea 2 minute înainte de a mânca.

Pentru 2 mere: ca pentru 1 măr, dar aranjați merele una lângă alta pe farfurie și gătiți-le pe Full timp de 5 minute.

Pentru 3 mere: ca pentru 1 mar, dar aranjati-le in forma de triunghi pe farfurie si gatiti pe Full timp de 7 minute.

Pentru 4 mere: ca pentru 1 măr, dar aranjați-le într-un pătrat pe farfurie și gătiți-le pe Full timp de 8-10 minute.

www.ingramcontent.com/pod-product-compliance
Lightning Source LLC
Chambersburg PA
CBHW071434080526
44587CB00014B/1840